São Longuinho

Pe. JERÔNIMO GASQUES

São Longuinho
Três pulinhos com fé

DIREÇÃO EDITORIAL:
Pe. Fábio Evaristo R. Silva, C.Ss.R.

CONSELHO EDITORIAL:
Pe. Ferdinando Mancilio, C.Ss.R.
Pe. Mauro Vilela, C.Ss.R.
Pe. Marlos Aurélio, C.Ss.R.
Pe. Victor Hugo Lapenta, C.Ss.R.
Avelino Grassi

COORDENAÇÃO EDITORIAL:
Ana Lúcia de Castro Leite

COPIDESQUE:
Cristina Nunes

REVISÃO:
Tatianne Aparecida Francisquetti

DIAGRAMAÇÃO E CAPA:
Silas Abner de Oliveira

Dados Internacionais de Catalogação na Publicação (CIP)
(Câmara Brasileira do Livro, SP, Brasil)

Gasques, Jerônimo
    São Longuinho: três pulinhos com fé / Jerônimo Gasques. – Aparecida, SP: Editora Santuário, 2017.

    ISBN 978-85-369-0483-2

    1. Longino, Santo, mártir, séc I. – Orações e devoções 2. Novenas I. Título.

17-02557   CDD-242.76

Índices para catálogo sistemático:
1. São Longuinho: Devoção: Cristianismo 242.76

4ª impressão

Todos os direitos reservados à **EDITORA SANTUÁRIO** – 2023

Rua Pe. Claro Monteiro, 342 - 12570-045 - Aparecida - SP
Tel.: 12 3104-2000 - Televendas: 0800 - 016 00 04
www.editorasantuario.com.br
vendas@editorasantuario.com.br

Dedicatória

Dedico este livro a duas senhoras que me motivaram a escrever sobre São Longuinho e que me indicaram um caminho: Maria Aparecida Ferreira Parra e Luzia Ferreira Toledo. As pessoas simples têm cada escolha!

Uma palavra de conselho do papa Francisco

"Os santos não são super-homens e nem nasceram perfeitos. São pessoas que antes de chegar à glória do céu viveram uma vida normal, com alegrias e tristezas, fadigas e esperanças, mas quando conheceram o amor de Deus, seguiram-no de coração, sem nenhuma condição ou hipocrisia [...]. Eles dedicaram suas vidas a serviço dos outros, suportaram sofrimentos e adversidades sem odiar e respondendo ao mal com o bem, difundindo alegria e paz. Os santos nunca odiaram. O amor é de Deus, mas o ódio vem de quem? Vem do diabo. Os santos se distanciaram do diabo. Os santos são homens e mulheres que têm alegria no coração e a transmitem aos outros. Não devemos odiar os outros, mas servir aos outros, os necessitados, rezar e se alegrar: esse é o caminho da santidade."

(Vaticano, 1º de novembro de 2015)

Introdução

A missa havia terminado e eu estava retirando os paramentos litúrgicos. Na sacristia apareceram duas senhoras e, de repente, perguntaram-me:

– O senhor conhece São Longuinho?

Levei um susto, fiquei surpreso, pois ninguém nunca me havia feito uma pergunta com aquela assertividade. Pouco se fala sobre São Longuinho. Respondi para elas:

– As senhoras não podem ser devotas de São Longuinho, pois já têm certa idade, e a devoção diz que se devem dar três pulinhos ao receber a graça alcançada.

Ao que, euforicamente e não derrotadas, responderam-me:

– A gente não consegue pular, mas dá três sacudidas nos ombros e a promessa está cumprida!

Em síntese é o seguinte: há uma crença popular, no Brasil, de que São Longuinho acha objetos perdidos. É só repetir: "São Longuinho, São Longuinho, se eu achar (nome do objeto perdido) dou três pulinhos e três gritinhos (Achei, São Longuinho. Achei, São Longuinho. Achei, São Longuinho)".

Depois disso, pensei em auxiliar a reflexão escrevendo algumas questões importantes para animar e esclarecer o devocional de São Longuinho. Como pastor não devo ter a desdita de desacreditar aquilo em que as pessoas creem. Mais que tudo, é minha tarefa esclarecer, e não desabonar a "fé popular". Se elas acreditam em São Longuinho, quem sou para dizer que isso é uma inverdade ou coisa semelhante? Alguém, certamente, um dia, um padre, quem sabe, disse-lhes que isso era bom!

A devoção não nasce e não se alimenta de grandes teses de teologia, mas do modo simples e sincero de se olhar a fé pelos olhos da modéstia e de certa inocência das pessoas. O Deus dos humildes, certamente, atende o simples pedido de socorro. Se isso não fosse verdade os santuários não estariam repletos de devotos todos os dias do ano.

O povo vai ao santo de sua devoção, mas seu olhar interior está fito em Deus, de quem lhe vem toda a segurança e a esperança. O devocional religioso não deve ser descartado como secundário ou religião (a fé) de segunda classe.

O mais curioso na devoção a São Longuinho é que ela não está relacionada ao milagre, mas às coisas esquecidas em lugares que deixamos e, depois, não lembramos onde colocamos. Não apenas objetos, coisas "materiais", mas também pessoas, almas que carecem de um encontro com o Senhor.

No devocional, o único fato inadmissível seria a idolatria descabida a um santo ou santa, por melhores que tenham sido. Fato este que vemos em algumas explicações de pessoas que tecem comentários e interpretações descabidas a respeito da devoção aos santos católicos. Elas afirmam que os católicos são idólatras, pois adoram imagens, e uma série de absurdos a mais.

Os devotos de São Longuinho são pessoas mais simples, mas que acreditam na possibilidade de os santos virem em auxílio de seus devotos. O estudo que se segue, certamente, tem algumas missões que possibilitarão o entendimento dessa devoção. Mas não pretendo ser exaustivo com esta reflexão.

O devocional aos santos está repleto dessa "crença comum" de que temos um intercessor (santo ou santa) que pode nos socorrer. A comunhão dos santos nos dá a guarida firme e segura para os devocionais, que, às vezes, estão eivados de superstições. Se não tomarmos afinco na catequese e na evangelização, o assunto-devoção e a situação religiosa continuarão os mesmos por séculos afora.

Na maioria das vezes, temos preconceito quanto a certas devoções, como as devoções a Santo Expedito, São Judas, São Jorge, Santa Bárbara etc., mas sabemos, todavia, que a tradição religiosa brasileira vem de longa data, trazida pelos colonizadores que nos legaram esse ditame religioso. Não fizemos, entretanto, a tarefa de desmantelar o que fora dito durante séculos.

Não é diferente do caso de nosso santo em pauta. Ele foi trazido pelos colonizadores e ditado como certo entre o povo simples e distante do mundo da catequese e da evangelização. Caberia aos padres a tarefa insigne de fazer a lição de catequese recolocando em seu devido lugar a catequese dos devocionais aos santos.

Curiosamente, na Igreja do Brasil, existe uma série de devoções sem fundamento bíblico ou que a Igreja não declarou como válidas ou não. Caso concreto são algumas novenas que acabam ficando em moda nas comunidades e sempre são promovidas por padres e religiosas. O mais curioso é que vamos aceitando tudo como certo, sem duvidar da validade. Os devocionais, na maioria das vezes, ocupam um espaço importante na vida da Igreja-comunidade paroquial.

São Longuinho não é o único santo que vem em socorro daqueles que perdem ou esquecem coisas. Existem outros, embora desconhecidos, como é o caso destes: Santa Lucrécia de Córdoba, São Raimundo de Fítero (abade), São Aristóbulo da Britânia, São Benigno de Todi, São Nicandro Garganico, Santa Matrona de Tessalônica, (mártir), São Probo (bispo), São Especioso (monge), São Clemente Maria Hofbauer Sisebuto (abade), São Adjutor (bispo), Santo Arnaldo (abade), Santo Antônio. Esses são santos que ocupam pouco espaço na reflexão do santoral, aqui, no Brasil.

Curiosamente, os santos são conhecidos quando divulgados. O papa canoniza uma centena deles todos os anos, e eles ficam totalmente desconhecidos entre nós. O que podemos entender é que a Igreja é universal e os santos estão na proporção dos mais de um bilhão de católicos no mundo inteiro. Não há como dimensionar tal importância ao caminhar da Igreja. Importa, sim, reconhecer essa riqueza da Igreja, que tem nos santos seu maior patrimônio.

Agradeçamos a Deus a vida de São Longuinho e de tantos milhares de outros que, no dizer do Apocalipse, são uma miríade de homens e de mulheres à frente do Cordeiro.

Diz o Santo livro:

> Um dos Anciãos tomou a palavra e me perguntou: "Você sabe quem são e de onde vieram esses que estão vestidos com roupas brancas?" Eu respondi: "Não sei não, Senhor! O Senhor é quem sabe!" Ele então me

explicou: "São os que vêm chegando da grande tribulação. Eles lavaram e alvejaram suas roupas no sangue do Cordeiro. É por isso que ficam diante do trono de Deus, servindo a ele dia e noite em seu Templo. Aquele que está sentado no trono estenderá sua tenda sobre eles. Nunca mais terão fome, nem sede; nunca mais serão queimados pelo sol, nem pelo calor ardente. Pois o Cordeiro que está no meio do trono será o pastor deles; vai conduzi-los até às fontes de água da vida. E Deus lhes enxugará toda lágrima dos olhos" (Ap 7,13-17).

São Longuinho poderá ser um desses espaços um tanto esquecidos pelo clero, mas vivos na lembrança manifesta do povo. Purificar a fé do povo é revalorizar a religiosidade popular dando-lhe um novo ardor missionário.

A fé do povo é sempre viva e está como brasas sob as cinzas de uma religiosidade cheia de esquisitices, mas se houver um novo sopro sairá a faísca de um novo tempo para a espiritualidade. Alguns devocionais apenas estão acobertados por uma roupagem que lhes dá um aspecto negativo e esconde a beleza existente, a verdade evangélica.

Importa descobrir o que há de melhor na devoção. Alguns inventam comentários negativos sobre a religiosidade do povo. É bom saber que aqueles que ensinaram essas aberrações ao povo, na maioria das vezes, foram os próprios padres que, como pastores, deveriam ter outras preocupações na espiritualidade.

Nosso modesto livro não tem apenas a função de expandir a devoção a São Longuinho, mas é uma oportunidade de refletirmos a respeito da fé popular, que está viva na memória do povo brasileiro. Aproveitemos esse tempo e essa devoção para recolocar a fé em seu devido lugar! Toda devoção poderá ser um momento oportuno de catequese e de evangelização.

As histórias dos santos, sempre, são repletas de mistérios e de segredos evangélicos; é claro que, em algumas das vezes, a história tem legado alguns absurdos. A missão do escritor é a de desvendar aquelas sinuosidades pelas quais poucos podem passar e perceber; é a de abrir o caminho de acesso à reflexão pastoral e missionária. O escritor dá sentido àquilo que está vedado e tem pouco acesso; ele reconstrói a espiritualidade a partir de uma vida, de uma história. O escritor é uma ponte de acesso entre o devoto e o santo; ele une esses dois mundos de espiritualidade!

Com isso, São Longuinho poderá ficar mais próximo do povo e abrir outras frentes de espiritualidade! Ao perder ou não um objeto, que ele interceda por nós! Talvez, o maior prejuízo para o cristão seja o de perder sua salvação.

1. A história de São Longuinho

São Longuinho traz uma história curiosa! Do que se sabe e se conta a respeito de sua vida não deixamos de suspeitar por inúmeros questionamentos. Existe pouquíssima literatura sobre sua vida[1]. Na maioria encontramos sempre a motivação simplista e popular de que ele é o santo das coisas esquecidas. Parece que não contemplamos outro viés a não ser este. Segue, no entanto, o mesmo esquema do devocional a Santo Antônio. Justamente esse simplismo que devemos superar no devocional e, aqui, repaginar a reflexão.

Faremos várias indagações a seu respeito, entendendo que São Longuinho é, de fato, muito mais que um santo pela procura por coisas perdidas. Esse é o lado sombrio que devemos descortinar. Descobrir o que pode, de fato, contribuir para a espiritualidade cristã.

Transcrevamos, de forma íntegra, três trechos que constam em sua "biografia" a partir do texto de Varazze.

1.
Longino, um dos centuriões que vigiavam a cruz do Senhor por ordem de Pilatos, foi quem perfurou o flanco do Senhor com a lança, mas vendo os prodígios

---

[1] VARAZZE, Jacopo de. *Legenda Áurea*: vida de Santos. São Paulo: Companhia das Letras, 2003, 140 p. Uma das únicas literaturas em que consta a resumida história de São Longuinho. O número 47 traz a marca de "São Longino" como sendo o nome mais correto do santo. Aqui, no Brasil, pela tradição portuguesa, aproximou--nos com o nome de São Longuinho.

que então aconteceram – o sol ficou escuro e a terra tremeu – passou a acreditar em Cristo. Dizem que isso se deveu ao fato de algumas gotas do sangue de Cristo terem escorrido pela lança e caído em seus olhos, até então turvados por doença ou por velhice, e que imediatamente passaram a ver com nitidez.

Esse é o primeiro enunciado do autor a respeito da história de São Longuinho. O autor citado não transcreve a vida desse santo como as demais biografias de santos de sua obra, que são mais de 170, sua origem ou detalhes sobre sua vida peregrina. Parece-nos que apenas transcreve aquilo que já é dado por sabido ou conhecido entre seus leitores.

Varazze apresenta o fato como se este fosse dado a compreender desde sempre. Considera-se, com isso, a possibilidade de que este fosse conhecido pelos leitores, os monges ou pessoas de então, em vista de que a obra foi escrita nos conturbados meados do século XIII, pelo frade genovês da Ordem dos Padres Pregadores.

Curiosamente, esse é o período das grandes hagiografias, em que se registravam mais de 25.000 histórias de santos. A alta Idade Média trouxe a lume inúmeras histórias que forneciam bases para os escultores, artistas pintarem e esculpirem suas obras. Era preciso, aos artistas, uma hagiografia para produzirem suas obras. Haja vista a imponente obra de arte de Bernini (1598-1680), esculpida na Basílica de São Pedro sobre a figura de São Longuinho.

Nesse período, também, escreveram-se centenas de histórias de vida de santos; dizem que foram escritos mais de 11.000 manuscritos de *"vita aurea"*. Aqui, aparecem aqueles exageros sobre alguns santos. Certamente, a áurea Idade Média trouxe essas aberrações sobre as virtudes de alguns santos, mas não se extinguiu a chama de um modelo de vida de santidade. Indubitavelmente, no desejo divulgar as virtudes de alguns privilegiados, acabou por surgirem narradores de penas admiráveis.

Na lista do glossário sobre os nomes dos santos anotados não consta a "interpretação" de seu nome como "Longino", apenas a transliteração de "longinus" como longo ou coisa parecida. Há pouquíssimos relatos acerca da vida desse personagem. Pelo fato de o nome ser derivado do grego e significar "uma lança", é referido como tendo sido o soldado romano que perfurou Jesus com uma lança (cf. Jo 19,34), ou como o centurião que, na crucificação, reconheceu Cristo como "o Filho de Deus" (cf. Mt 27,54; Mc 15,39; Lc 23,47).

Vejamos a brusca e resumida passagem do autor a respeito da vida de São Longuinho. Não se narra algum processo de mudança ou coisa do gênero, que induza o leitor a compreender sua imediata conversão.

2.

Tendo renunciado, então, à condição militar e sido instruído pelos apóstolos, ele passou 28 anos de vida monástica em Cesareia da Capadócia e converteu muita gente à fé por suas palavras e seus exemplos. Aprisionado, recusou-se a sacrificar, e o governador mandou arrancar todos os seus dentes e cortar-lhe a língua. Mas, mesmo assim, Longino não perdeu o uso da palavra e, pegando um machado, quebrou todos os ídolos enquanto dizia: "Veremos se são deuses". Demônios saíram dos ídolos e entraram no governador e em todos os seus companheiros que, loucos e latindo, prosternaram-se aos pés de Longino. Este perguntou aos demônios: "Por que vocês moram dentro dos ídolos?". Eles responderam: "Nossa habitação é onde não se fala o nome de Cristo e não se faz seu sinal".

Pelo texto-parágrafo acima, dá-se a entender sua vocação. A mudança brusca da vida como militar para um militante da fé cristã. Pergunta-se: será que ele era um soldado cristão à semelhança de Sebastião, Expedito e outros? Foi batizado por quem? O parágrafo evoca sua conversão e atividade missionária na Palestina de forma a converter muitas pessoas à fé cristã.

Varazze apresenta São Longuinho numa brusca passagem da Palestina (presente à cena da Paixão do Senhor) para a Capadócia (dando testemunho de vida cristã) sem, no entanto, narrar esse processo de passagem. São Longuinho, nesse texto, é apresentado ao governador, embora não pertencendo mais à turma romana dos soldados. Acreditamos que a história era narrada desde então, e o autor apenas transcreve alguns acenos da vida do santo.

O texto de Varazze apresenta a singularidade do testemunho de São Longuinho como mártir da fé cristã. Certamente, não morrera devido à perseguição aos cristãos, como fora o caso de outros mártires, por exemplo: Sebastião, Luzia e outros. Entendendo, todavia, que Longuinho desfruta de outro século, não sem as perseguições de praxe pelo Império Romano, mas, antes, tolerável.

O curioso do texto (n. 2) é o diálogo com os demônios. Destoa muito dos demais testemunhos de então, se estamos pensando nos primeiros séculos do cristianismo palestinense. Não era usual tal "prática" ou narrativa. No início do cristianismo, vários cristãos acreditavam que o Demônio assumia a feição dos gladiadores e leões que os trucidavam nas arenas romanas. Somente no século IV, um Concílio na cidade de Toledo descreveu minuciosamente o Diabo como um ser composto por chifres, pele preta ou avermelhada, com rabo e portador de um tridente. A partir de então, os relatos sobre experiências demoníacas ganhavam força em uma nova leva de narrativas.

Aqui, cabem-nos algumas linhas de orientação sobre a "ação do Demônio". Olhemos por dois pontos. Após as mudanças iniciadas no Concílio Vaticano II, há quatro décadas, o Diabo perdeu as feições físicas monstruosas e passou a ser encarado como "a causa do mal", cuja ação entre os homens é essencialmente moral. Mas a Igreja continua a vê-lo como uma entidade que concentra o mal absoluto. No movimento pentecostal – católico e protestante – ainda persiste uma concepção antiquada sobre sua ação no mundo e nas pessoas. Em resumo, podemos elaborar a seguinte reflexão: para a maioria das denominações evangélicas e movimentos religiosos com tendência carismática, Satanás tem individualidade e atua como o grande inimigo do Evangelho de Jesus e seus seguidores.

Os neopentecostais superestimam os seus poderes e fazem do combate ao Demônio o foco de suas atividades. Segmentos modernizantes, como algumas igrejas batistas nos Estados Unidos e no Brasil, já admitem que o mal resida no homem, como a sombra junguiana, e contestam a existência do Maligno. Se esses segmentos religiosos deixarem de admitir a ação demoníaca, diretamente, perderão seus créditos em vista da faltosa doutrina em suas frentes missionárias.

> 3.
> Dirigindo-se ao governador, enlouquecido e cego, Longino disse: "Fique sabendo que você só poderá se curar depois de ter-me matado. Logo que eu receber a morte de sua mão, rezarei e conseguirei para você a saúde do corpo e da alma". No mesmo instante, o governador mandou que lhe cortassem a cabeça, depois foi até seu corpo, prosternou-se em lágrimas e fez penitência. Imediatamente recuperou a vista e a saúde e até o fim da vida praticou boas obras.

O texto biográfico de Varazze termina laconicamente sem deixar muitas pistas ao leitor sobre suposições a respeito do destino humano de São Longuinho. Apresenta o diálogo sedutor do governador, desejando livrar Longuinho do destino persecutório, mas, sem êxito em sua proposta, restou-lhe atender ao pedido de Longuinho a seu respeito.

Termina dizendo que o governador se "converteu" e se tornou um bom praticante das boas obras. À semelhança de uma "história de fada", o governador se converte e começa a ter uma vida sensata longe da perseguição aos cristãos. Vale lembrar que a prática das boas obras era muito comum naquele período, quando o texto foi escrito. Possivelmente, elas eram uma proposta de teologia espiritual na alta Idade Média.

Antes de tudo, perguntemos: o que são as boas obras? As boas obras são todo o cumprimento da vontade de Deus. Tudo aquilo que Ele nos pede em sua Palavra: os preceitos que regulam nossa conduta como indivíduos diante de Deus, em relação ao próximo ou à sociedade em geral (por exemplo, ação social, política, estudo, ecologia, saúde, educação etc.).

Logo em seguida, a proposta sobre a fé e as boas obras ocasionou a separação entre a Igreja Católica e a Protestante com a tendência à prática da fé, e não das boas obras. Certamente, desejando dar uma pena de crédito ao governador, o faz merecedor da salvação por meio de suas boas obras, pois assim era o costume vigente.

Parecia estar travada a disputa entre a pregação de Paulo e a de Tiago com vertentes diferentes. No entanto, não era assim. Apenas o prisma pelo qual se olhava a ação da atividade cristã merece uma admiração e consenso (cf. Gl 5,22-23; 2,10; 2Cor 5,17; 1Tm 5,9-10; Lc 6,43-44 e Tg 2).

Talvez, a maior reflexão e perigo tenha sido desejar mandar todo mundo para o céu em virtude da prática das boas obras, e não pela fé. As duas devem estar em sintonia para que uma não desmereça a outra. Criar liames ou declarar alternativas é o maior empecilho à fé cristã e à espiritualidade voltada para São Longuinho.

Infelizmente, na contemporaneidade, vê-se que a tendência pentecostal-carismática é um apelo excessivo à fé em detrimento das obras (Ef 2,8-9: "Somos salvos pela fé"). Excepcionalmente, devido a isso, muitos têm chegado a ponto de, aparentemente, adotar uma atitude de indiferença em relação às boas obras, como se estas fossem praticamente insignificantes não fizessem parte da proposta cristã do Evangelho e da ação pastoral da Igreja.

Peçamos a ele que nos auxilie a encontrar pessoas na comunidade e na família com essas duas vertentes: fé e obra. Aí sim, daremos pulos de alegria...

1.1. Suas homenagens

São Longuinho não é santo popular no sentido de existirem muitos admiradores e conhecedores de sua figura e homenagem; alguns apenas sabem de sua existência ou ouviram falar sobre ele e de forma deturpada.

Sua devoção, no entanto, é reconhecida desde há muitos séculos. Apenas não tivemos a tradição mais expansiva do santo entre nós no Brasil. Ele não é um santo do calendário litúrgico romano. Talvez seja essa a dificuldade em se divulgar sua devoção. Ele está para os mais simples, e a "alta hierarquia" não o divulgou. Estamos, aqui, para realizar esta tarefa: apresentá-lo ao povo!

Curiosamente, sua imponente figura está registrada na Basílica de São Pedro, no Vaticano, ao lado do altar central. Sua figura é uma das quatro esculturas que ornam o baldaquino central do altar daquele espaço celebrativo. Foi esculpida pelo napolitano Gian Lorenzo Bernini, no início do século XVI. Com 5 metros de altura, foi esculpida entre os anos de 1633 e 1639. São Longuinho está entre Santa Helena, Santo André e Santa Verônica.

Comentando sobre esse fato e os curiosos personagens nesse espaço celebrativo, fez-se observar o que segue, segundo a tradição. Assim se conta: a lança do destino (sim, a mesma que perfurou Cristo) não foi destruída. Ela ficou perdida durante muitos séculos até chegar às mãos dos cruzados por volta do século XI. A relíquia despertou o interesse de diversos monarcas e dirigentes políticos, devido à lenda de que daria poderes mágicos a quem a possuísse. A existência ou não da lança, entretanto, é muito contestada, e é consenso entre estudiosos que seu encontro pelos cruzados foi uma fraude. Se verdadeira ou não, a história é curiosa.

Hoje, o objeto encontra-se sob o poder da Igreja de Roma, guardado, junto à estátua do Santo, em um dos quatro nichos principais da Basílica de São Pedro. Lá, também está guardado um fragmento da "verdadeira cruz" trazida por Santa Helena, o véu de Verônica e, até pouco tempo atrás, as relíquias de Santo André. Todos os objetos permanecem junto às estátuas de seus "santos correspondentes".

Em Portugal existe uma estátua de São Longuinho no Santuário do Bom Jesus do Monte, na cidade de Braga. Trata-se de uma estátua equestre do santo, sobre um pedestal, ambos em pedra de granito, abundantes na região. Foi erguida sobre um penedo onde existiu a torre da primitiva Igreja do Bom Jesus, no atual Terreiro de Moisés.

O conjunto, de autoria do escultor Pedro José Luís, foi uma oferta de Luís de Castro de Couto, de Pico de Regalados, no ano de 1819. É a única estátua equestre, em Portugal, feita de pedra, e uma das únicas do mundo.

Em Braga, há uma curiosa tradição de que na festa de São João as moças solteiras dão várias voltas, com orações, ao redor da estátua de São Longuinho para pedir um namorado ou apressar seu casamento! Conta-se a história de que havia um bom rapaz, rico, recatado e estimado na redondeza, mas que não conseguia um casamento, nem namoro sério, pois nenhuma moça da região se interessava por ele. Em desespero, apaixona-se por Rosinha, mas esta estava prometida a outro rapaz. Por obediência, entendeu que não devia estragar a felicidade de Rosinha, pois o desejo dela não era o de se casar com ele. Deixa-a em paz e se torna um benfeitor daquele matrimônio.

Sua imagem, aqui no Brasil, é bem diferente das demais da Europa. Em Guararema-SP, sua imagem está com um lampião (lanterna), seguro em sua mão direita, e com braços abertos; na outra mão, espalmada, há uma chaga. A imagem de São Longuinho, nessa igreja, não tem os membros inferiores. A igreja a ele dedicada e dividida com Nossa Senhora foi fundada em 1652 pelos Jesuítas. A arquitetura simples preserva o desenho original. Ela é a "única paróquia" do país dedicada a ele e que tem a imagem de São Longuinho.

A imagem de São Longuinho dessa paróquia recebeu, há alguns anos, uma restauração, modificando um tanto sua originalidade. Ficou parecendo mais um frade franciscano que um soldado romano! Algo que desagradou a muitos paroquianos e devotos acostumados com a imagem original.

Na tradição popular, é invocado para encontrar objetos perdidos. Sua festa é comemorada, na Igreja Ortodoxa, no dia 16 de outubro. No Brasil, Portugal e Espanha, no dia 15 de março. Na arte litúrgica, São Longuinho tem sua figura representada por um soldado com uma lança apontada para os olhos ou ainda com os braços abertos, segurando uma lança. As imagens comercializadas, aqui no Brasil, em geral, apresentam São Longuinho com uma lâmpada na mão direita e uma pequena lança à esquerda. Dá-se a entender que é de estatura baixa e mais se parece a um frade que a um soldado da estirpe romana. Posteriormente continuaremos sua descrição!

Curiosidade: uma relíquia religiosa que se encontra em Viena, na Áustria, é reverenciada como sendo a lança de São Longuinho e, outra, é relíquia no Museu do Vaticano. Aqui, as histórias se diluem com um pouco de imaginação a seu respeito.

2. Seu nascimento

Esse é o desafio da hagiografia de São Longuinho e de tantos outros que viveram nos primeiros séculos depois de Cristo. As notícias sobre sua vida são bastante resumidas e, de certa forma, desencontradas por não termos uma história contada a miúdo. Para alguns historiadores, seu nome latino era Gaius Cassius. Nada mais elaborado se encontra sobre essa afirmação.

Em geral, o que se sabe sobre São Longuinho vem, também, da visão da mística Anna Catharina Emmerich (1774-1824), freira Agostiniana, mística, visionária e arrebatada, beatificada, em 3 de outubro de 2004, pelo papa João Paulo II. Conta-se sobre uma visão que tivera a respeito do soldado Cássio e algumas repercussões de sua vida após ter-se encontrado com o Cristo na cruz. Um relato da Beata Anna Catharina Emmerich, que em visão recebeu as revelações da vida de Jesus, mostra em detalhes como tudo aconteceu.

Resumidamente, São Longuinho viveu no século I. Nasceu em Lanciano ou Sicília, sul da Itália, e faleceu no dia 15 de março de 61 na Capadócia, Turquia. Sua festa é comemorada na Igreja Ortodoxa no dia 16 de outubro. No Brasil e na Europa, no dia 15 de março. Não se conhece sua origem, quem seriam os seus pais etc. Alguns textos dizem ter nascido em Lanciano, e outros, na Sicília, ao sul da Itália.

Conta-se que Longinus era um soldado de baixa estatura, que servia na alta corte de Roma antes de ser destacado para servir em Israel.

Servindo na corte de Roma, ele vivia nas festas dos romanos. Por causa de sua baixa estatura, ele conseguia ver tudo o que se passava por baixo das mesas. Com isso, ele achava vários pertences das pessoas e sempre devolvia os achados para seus donos. Daí surgiu sua fama de bom soldado e de sempre encontrar coisas perdidas. Essa fama do soldado Longinus, do mundo pagão, passou para o convertido São Longuinho.

Em outra narrativa, mais debochada, conta-se o seguinte: o imperador Augusto, conhecendo o faro fino de seu "bobo da corte" para encontrar objetos, pediu-lhe para encontrar Jesus Cristo, pessoa que a Guarda Romana tinha dificuldade para encontrar. Como ele, o Longuinho, era esperto, achou Judas Iscariotes e testou sua fé, oferecendo-lhe 30 moedas de ouro. Assim ficou fácil, e a fama de Longuinho se espalhou nos bastidores do Palácio Imperial, em Roma.

Algumas fontes registram sua canonização da seguinte forma, segundo o resumo de várias tendências. No século X d.C., o papa Silvestre II procurava indícios de milagres para beatificar e, depois, santificar o santo popular, fato este que daria enorme prestígio para a Santa Igreja Católica, até que no ano de 999 d.C., como sua primeira medida papal, fez o pedido para nosso santo ajudá-lo a achar provas reais de sua existência documentada e de seu poder de milagre, repetindo o gesto popular com os três pulinhos. Horas depois o papa encontrou a documentação de que precisava e, por experiência própria, constatou um milagre.

No ano de 1003 d.C., após o processo de beatificação, Longuinho foi canonizado como São Longuinho, cujo prestígio era tamanho a ponto de São Genésio de Roma, século

III, cuja festa é no dia 25 de agosto (patrono dos humoristas), canonizado um pouco antes, ter sido seu devoto.

Em resumo, sabemos, todavia, que fora um soldado romano e que pertencera à guarda pretoriana, cuja função o próprio nome determina: guardião. Pertencia ao corpo do exército romano. Alguns textos dizem que era de pequena estatura, o que dificultava ver as coisas, diferentemente dos demais soldados, que eram esbeltos e altos, motivo de se erguer para ver e, de vez em quando, dar alguns pulinhos, como faz qualquer criatura humana: ou estica o pescoço ou dá aqueles famosos pulinhos, desejando ver melhor.

Essa é a maior e a mais comum lembrança da história sobre "sua vida". Quase todas as pessoas o definem como um homem de baixa estatura. Paira, com isso, certo mistério entre os seus devotos. Na realidade, as pessoas – seus devotos – não estão preocupadas se ele era alto ou baixo, e algumas imaginam que ele não tinha as pernas do joelho para baixo!

Assim era a tranquila e pacata vida de Longuinho. Novidade? Certamente, quase nenhuma, a não ser quando o Império Romano assumia algumas frentes de batalha, mas não era o caso do Longuinho, pois ele, segundo a tradição, tinha uma função mais comedida que os demais soldados pretorianos.

A guarda pretoriana (latim: *Praetoriani*) era o grupo de legionários experientes encarregados da proteção do pretório (*praetorium*), parte central do acampamento de uma legião romana, onde ficavam instalados os oficiais. Com a tomada do poder por Otaviano, transformou-se na guarda pessoal do imperador.

Ligada a esse fato, veio a tradição de que ele teria sido um dos soldados que perfurara o lado de Jesus na cruz (cf. 5º parágrafo).

Nada desmereceria a verdade, pois "alguém" – um soldado – perfurou o lado de Jesus. Quando as pessoas desejam complicar as coisas, ficam imaginando e questionando se foi este ou outro soldado.

Conta a tradição que o líquido saído do corpo de Jesus teria respingado nos olhos do soldado, curando-o instantaneamente de uma grave doença ocular. O soldado converteu-se, abandonou o exército romano e transformou-se num monge a percorrer a Cesareia e a Capadócia, na atual Turquia, anunciando o Evangelho e a conversão das pessoas.

Veremos a seguir uns detalhes de sua história.

São Longuinho foi preso e torturado por causa de sua fé cristã, por causa de seu testemunho de fidelidade a Deus e à doutrina, teve seus dentes arrancados e sua língua cortada. Enfim, morreu decapitado.

O que mais fica a incomodar é a respeito de seu nome próprio, como se ele não existisse de fato, fosse apenas inventado por pessoas supersticiosas.

O autor acredita que as hipóteses e objeções surgem pelo fato de não se admitir que "Longuinho" fosse um nome próprio como José, Carlos, Davi e outros. As palavras mais antigas, em geral, guardam significados singulares ou compostos, por exemplo, o nome próprio de João significa: "Deus é cheio de graça", "agraciado por Deus" ou "a graça e a misericórdia de Deus" e "Deus perdoa". O nome latino de Francisco: "francês livre" ou "aquele que vem da França".

O nome latino e grego de "Longinus/Longino" significa "uma lança". Dessa associação linguística vem a origem de seu nome próprio: Longino ou Longuinho, como é conhecido entre nós. Não importam muito os detalhes e malabarismos que, às vezes, fazemos para dar cabo à reflexão e entendimento sobre a ação de São Longuinho.

Para conhecimento do leitor: São Longuinho fica entre aqueles santos conhecidos como "não canônicos" da Igreja Católica. Existem, também, alguns questionamentos a esse respeito. Com isso entendido, não fica dispensada sua veneração.

A pesquisadora sobre esse tema, Rúbia Lóssio, escreve:

> As histórias da vida dos santos populares são processadas no imaginário popular, dando margem ao surgimento de várias lendas, a exemplo do caso de São Longuinho, um santo pertencente ao devocionário nordestino. Vale a pena ressaltar que o vocábulo Longino é proveniente do latim e significa alto, longo. Segundo a lenda, Longino foi o centurião que transpassou o coração de Jesus com sua lança. Como era cego, ele não percebeu os respingos de sangue que lhe caíram nos olhos. E, quando isto ocorreu, deu-se um verdadeiro milagre: Longino voltou a enxergar.

Em verdade, aqui, reside uma dúvida. Ele não pode ser considerado "não canônico" enquanto santo, pois reza a tradição que fora canonizado pelo papa Silvestre II em 999, embora sem os trâmites normais de um processo de canonização; depois, ele não deve ser considerado como não canônico, pois tem uma imagem-escultura no próprio interior da Basílica de São Pedro.

Esses são os desafios que São Longuinho nos apresenta e para os quais devemos encontrar uma saída. Estamos fazendo isso neste livro: descobrindo os meandros de sua história e sua vida peregrina na concepção dos seus devotos.

3. O santo dos objetos perdidos

Alguém me perguntou: não é muita coisa por um santo de "coisas perdidas"?

Não somente por coisas perdidas, mas por aquelas pessoas que estão a se perder a cada dia também. São Longuinho está para servir de "modelo" de santidade para as pessoas devotas ou não. A função prioritária de um santo não está em sua intercessão, mas em seu modo de vida centrado no Evangelho e na opção que fizera pelo Cristo.

Sem delongas, vamos ao assunto, pois os questionamentos aparecerão a cada momento nas linhas que se seguem.

Você tem o costume de perder coisas por aí? Guardar objetos e depois não se lembrar de onde os colocou? Com todos nós, um dia, já aconteceu esse incidente! Não estamos pensando naquelas pessoas que sofrem da doença de Alzheimer. Na maioria das vezes, foi por descuido, pela pressa em fazer as coisas sem observar alguns detalhes, pelo costume de colocar algo sempre no mesmo lugar e, ao mudá-lo, esquecer-se de onde colocou.

Existem pessoas estabanadas, desastradas, que sempre estão esquecendo as coisas aqui e acolá. Haja vista que, na estação do Metrô em São Paulo, na Praça da Sé, há milhares de pertences que foram esquecidos no metrô e jamais encontrados por seus legítimos donos. Os objetos vão desde carrinhos de bebê, colheres, celulares, tablets, livros e bolsas até óculos, brinquedos, ventiladores e outras bizarrices.

Dizem os estudiosos que existem pessoas que são esquecidas mesmo; são desligadas. A capacidade de armazenamento de informações da memória é limitada. Parcialmente verdade:

> A capacidade de armazenamento da memória é limitada quanto ao número de informações isoladas e independentes (exemplos: nomes, números, séries de figuras ou objetos) que o sujeito tem que memorizar de uma vez, variando de sete a doze itens, dependendo da pessoa; mas é ilimitada quanto ao que a pessoa pode memorizar/aprender ao longo da vida, mesmo o idoso,

explica Benito Damasceno, professor do Departamento de Neurologia da Faculdade de Ciências Médicas (FCM) da Unicamp.

No cotidiano nos perguntamos: quem nunca esqueceu onde deixou as chaves ou estacionou o carro? O nome de um conhecido ou ainda de pagar aquela conta no dia certo? Com um dia a dia cada vez mais corrido e atarefado, é muito comum esquecer alguma coisa pelo caminho. Mas, às vezes, esses esquecimentos frequentes podem ser sinal de um nível mais grave de estresse, ou então de depressão, e até mesmo de alguma doença neurológica.

Pelo jeito essa história de esquecimento é antiga! Hoje se pensa muito em estresse, ansiedade e problemas neurológicos, mas e no tempo de São Longuinho? Bem, ali já temos outra história como veremos a seguir.

Atualmente, a atenção está voltada à perda da memória para fatos recentes, um dos sintomas mais comuns do início da doença de Alzheimer. No caso da devoção a São Longuinho não se contempla essa situação de enfermidade. Sua devoção está mais na linha da memória que se esquece de algumas coisas.

É nesse momento que aparece a forma mais simples para resolver a situação. Invocar São Longuinho como o santo das coisas perdidas. Curiosamente, essa devoção faz do devoto um concentrador de energia para se recordar de onde colocara tal objeto. Unida à devoção está a solução da dúvida: onde será que coloquei aquele objeto?

O devoto se volta a São Longuinho, mas ao mesmo tempo se concentra no objeto procurado. Aí está o segredo do mistério do suposto milagre! Nossa mente é como uma espécie de drone que sobrevoa à procura do objeto perdido.

O segredo de toda devoção está na alta concentração mental do devoto ao se ligar a seu santo de devoção. Essa conexão é de extrema importância para alcançar as graças merecidas pela invocação do santo. O devoto se volta com confiança e esperançoso de que irá receber aquilo que está a pedir. Essa ação represa uma enorme força de concentração e libera um estupendo desejo de encontrar aquilo que se procura.

Está formada, com isso, a cadeia do desejo e do merecimento. Alguns chamam isso de fé. E pode ser entendida como se fosse. A realidade não muda, apenas a forma de explicar ou de entender o fato religioso; o pedido de intercessão. O intercedido não perde a esperança e ativa a memória, desejoso de ser atendido. Esse processo cria comunhão entre o intercedido e o intercessor. Essa é a beleza da comunhão entre santos e eleitos.

Em todo ambiente religioso existe uma alta concentração de forças positivas. Todos estão buscando uma solução para seu problema. Os desejos se somam e os "milagres" acontecem. Esse é, certamente, o máximo valor das novenas e oratórios espalhados em inúmeras comunidades. Todos estão ali imbuídos do desejo de sucesso em sua empreitada. Por maior que seja o problema, o desejo é sempre o mesmo: encontrar a solução. Ninguém está ali com dúvidas em seu coração.

A base da fé, na intercessão do santo, está na confiança inquebrantável de que será atendido. Ninguém vai a São longuinho com dúvidas.

3.1. Os três pulinhos e as três virtudes

Há um costume ou hábito, na devoção longuiniana, de dar três pulinhos ao ser atendido em algum pedido. Certamente, esses "pulinhos" carecem de uma orientação para que não sejam apenas pulinhos sem sentido. Vamos olhar esses pulinhos como atitudes de espiritualidade e de fé.

Antes de entrarmos na reflexão, ao menos a que nos propomos, existe, ainda, uma tradição em pensar que os três pulinhos se referem à Santíssima Trindade. Parece-nos que a reflexão, ainda, fica mais forçada. O certo é que, no século II ou na Idade Média, não se tinha essa avaliação presente de forma a desencadear um devocional trinitário. Pareceu-nos mais propícia a relação entre as chamadas "virtudes teologais". Essas evadiram, sim, todos os séculos!

Sem demora, falemos das três virtudes teologais: fé, esperança e caridade. Elas combinam e se adaptam muito bem ao devocional de São Longuinho. Toda devoção carece de orientação e de formação para não se tornar uma fonte de superstição ou de crendice sem sentido.

Podemos começar pensando assim: as virtudes podem ser humanas e teologais. Nós cultivamos e usamos as virtudes humanas para conviver bem com as outras pessoas, no meio de nossa família, em nossa comunidade e no mundo, enfim. Também devemos cultivar as virtudes teologais em nosso relacionamento com Deus. A espiritualidade amadurecida guarda essa necessidade para que não se torne vazia e de pouco sentido.

Quando recebemos o sacramento do Batismo é infundida em nós a graça santificante, que nos torna capazes de nos relacionarmos com a Santíssima Trindade e nos orienta na maneira cristã de agir. O Espírito Santo se torna presente em nós, fundamentando as virtudes teologais, que são três: fé, esperança e caridade.

O Catecismo da Igreja Católica traz determinadas referências fundamentais. Fiquemos com esta mais tradicional, a do padre Leo J. Trese. Em sua obra *A fé explicada* (Editora Quadrante, 423 p.), diz que:

> Essas três virtudes, junto com a graça santificante, são infundidas em nossa alma pelo sacramento do Batismo. Mesmo uma criança, se estiver batizada, possui as três virtudes, ainda que não seja capaz de praticá--las enquanto não chegar ao uso da razão. E, uma vez recebidas, não se perdem facilmente.

O sacerdote norte-americano continua a reflexão:

A virtude da caridade, a capacidade de amar a Deus com amor sobrenatural, só se perde pelo pecado mortal. Mas mesmo que se perca a caridade, a fé e a esperança permanecem. A virtude da esperança só se perde por um pecado direto contra ela, pelo desespero de não confiar mais na bondade e na misericórdia divinas. E, é claro, se perdemos a fé, perdemos também a esperança, pois é evidente que não se pode confiar em Deus se não se crê nele. E a fé, por sua vez, perde-se por um pecado grave contra ela, quando nos recusamos a crer no que Deus revelou.

O devoto de São Longuinho aprende que caridade é amor. São palavras sinônimas. A caridade não é somente procurar uma moedinha no fundo da bolsa e jogá-la na latinha de quem pede. A caridade não é somente ofertar um prato de comida a quem tem fome. A caridade não é somente tirar de nosso guarda-roupa um vestido, uma blusa, um sapato ou qualquer objeto que não usamos mais e dar a quem nada tem. A caridade é amor. É conhecer a dor da pessoa que vive perto de nós, quer seja em nossa família, quer seja na comunidade ou mais distante. Conhecer sua dor e procurar com ela resolver seu problema.

A caridade é dar um bom-dia, é sorrir para uma criança indefesa, para um jovem, às vezes desorientado, para um idoso que carrega seu fardo com dificuldade. A caridade é procurar aquele que está perdido e oferecer-lhe a oportunidade de vida nova. O devoto longiniano tem essa natural tendência de ser útil aos seus semelhantes.

Dar três pulinhos significa se alegrar com aqueles que encontram o Cristo em todos os momentos e naqueles mais penosos e duros dias de desafio. O devoto de São Longuinho é uma pessoa alegre e satisfeita com a vida e faz de tudo para estar em harmonia com seu eu interior; é, também, alguém que sabe chorar com aqueles que choram por dias em turbulências.

No ano de 2016, foi celebrado o Jubileu da Misericórdia Extraordinário. O devoto de São Longuinho é aquela pessoa que procura se alegrar com aqueles que voltam para a casa do Pai e fazem de tudo para que as pessoas repelidas encontrem seu caminho na vida. O papa Francisco disse:

> No mundo, isso toma a forma da busca exclusiva dos próprios interesses, dos prazeres e honras unidos à vontade de acumular riquezas, enquanto na vida dos cristãos se disfarça muitas vezes de hipocrisia e mundanidade. Todas essas coisas são contrárias à misericórdia.

Entre os meus achados e perdidos encontrei esta reflexão (sem autor):

> "Alegrai-vos com os que se alegram; e chorai com os que choram" (cf. Rm 12,15). Queridos, esse versículo se divide em duas partes: alegria e choro. Vamos começar falando sobre a alegria. Paulo escreve para os irmãos que estavam em Roma, com o intuito de ensiná-los, para que a cada dia eles estivessem fortalecidos diante de Deus. Ele disse: "Alegrai-vos com os que se alegram". Parece que essa primeira parte é bem fácil, contudo, para muitas pessoas essa parte é bem difícil. Devemos nos alegrar com a alegria de nosso semelhante. Se nosso amigo, nosso parente, ou qualquer outra pessoa estiver alegre, devemos nos alegrar com ela. O proble-

ma é que, às vezes, somos egoístas. Muitas vezes, não nos alegramos com a felicidade do nosso irmão porque somos invejosos. Se alguém passa num concurso público e está feliz, outras pessoas não se alegram porque não passaram. Paulo nos ensina que devemos nos alegrar com os que se alegram. Alegre-se com sua família. Celebre a vitória dos seus.

A segunda parte do versículo nos ensina que devemos chorar com os que choram. Muitos não conseguem viver essa parte do versículo porque só pensam em si. Só querem saber dos seus problemas. Querem que os outros chorem e ajudem com seu problema, mas na hora que é para chorar e ajudar seu semelhante, fogem. Devemos chorar a dor do nosso irmão. Se ele está passando por algum problema, devemos chorar juntos em oração. Precisamos aprender a amar. Jesus nos amou e se compadeceu de nós. Ele sofreu por nossa causa. Ele não foi alheio à nossa dor. Por isso, além de se alegrar com os que se alegram, chore com os que choram.

Dar uns pulos poderia não ser suficiente para nossa compreensão da importância de São Longuinho. Devemos ir mais além com sua devoção, e não ficarmos presos a gestos com pouca importância para a fé.

Enfim, sintetizemos com a Palavra de Deus em Lucas 1,39-45:

> Naqueles dias, Maria partiu para a região montanhosa, dirigindo-se, apressadamente, a uma cidade da Judeia. Entrou na casa de Zacarias e cumprimentou Isabel. Quando Isabel ouviu a saudação de Maria, a criança pulou em seu ventre e Isabel ficou cheia do Espírito Santo. Com um grande grito, exclamou: "Bendita és tu entre as mulheres e bendito é o fruto do teu ventre! Como posso merecer que a mãe do meu Senhor

me venha visitar? Logo que a tua saudação chegou aos meus ouvidos, a criança pulou de alegria no meu ventre. Bem-aventurada aquela que acreditou, porque será cumprido o que o Senhor lhe prometeu".

Se até o não nascido João se alegrou pelo acontecimento, quanto mais nós não nos alegraríamos pelas tantas coisas boas que o Senhor nos faz a cada dia.

4. Pode-se invocar São Longuinho?

Cravados por uma infinidade de questionamentos, alguns não recorrem a São Longuinho por dúvida, desconhecimento ou descuido religioso. Outros ficam envergonhados em ter de recorrer a um santo que é pouco conhecido pela população e, ainda, carrega uma série de cicatrizes populares.

Nosso livro tem a função de esclarecer esses pontos obscuros sobre sua devoção e recolocar seu devocional em seu devido lugar; aperfeiçoar aqueles aspectos religiosos, cuja figura está repleta de equívocos, e esclarecer alguns elementos de catequese que ficaram em falta na devoção longuiniana.

São Longuinho é mais popular na tradição da Igreja Ortodoxa que na da Latina (de Roma). Herdeira da cristandade do Império Bizantino, que reconhece o primado de honra do Patriarcado Ecumênico de Constantinopla, desde que a sede de Roma deixou de comungar com a ortodoxia oriental (no cisma do Oriente em 1054), ela reivindica ser a continuidade da Igreja fundada por Jesus, considerando seus líderes como sucessores dos apóstolos.

Não vamos entrar em detalhes, pois, aqui, não é esse nosso objetivo. Existem alguns livros que tratam do assunto e sites de divulgação com boa qualidade de informação.

Entendo a semelhança entre as duas Igrejas: para o cristianismo católico, seja ele romano ou ortodoxo, os santos são todos aqueles que foram convertidos, salvos por Jesus Cristo, e podem interceder por nós no céu. Em Igrejas como a Católica Romana ou Católica Ortodoxa, algumas pessoas reconhecidas por virtudes especiais podem receber oficialmente o título de santas.

Na Igreja Católica, São Longuinho é lembrado no dia 15 de março, enquanto na Ortodoxa ele será lembrado no dia 16 de outubro.

Simeão, o novo teólogo (949-1022), descreve os santos como formando uma corrente dourada em suas Centúrias 3, 2, 4:

> A Santíssima Trindade, penetrando todos os homens, do primeiro ao último, da cabeça aos pés, liga-os todos juntos... Os santos em cada geração juntam-se àqueles que se foram antes e, preenchidos como aqueles com luz, tornam-se uma corrente, dourada, na qual cada santo é um elo separado, unido ao próximo pela fé, obras e amor. Assim, no Deus único eles formam uma única corrente que não pode ser quebrada rapidamente.

A reverência pelos santos está intimamente ligada à veneração aos ícones. Eles são colocados pelos ortodoxos não só em suas igrejas, mas também em cada cômodo de suas casas e, até mesmo, em carros e ônibus. Esses sempre presentes ícones agem como ponto de encontro entre os membros vivos da Igreja e aqueles que se foram antes. Os ícones ajudam os ortodoxos a olhar os santos não como figuras remotas e legendárias do passado, mas como contemporâneos e amigos pessoais.

Embora não tenhamos uma história altamente definida sobre a vida de São Longuinho, é salutar sua invocação.

Nada obsta sua veneração. Ser um santo de origem ortodoxa não impede de o venerarmos na Igreja Católica. Nosso livro tem esta finalidade: a de divulgar a salubridade da devoção aos santos e, de modo especial, a São Longuinho.

Não podemos entender e nos aproximar de São Longuinho com os olhares da atualidade. Ele é um protótipo do passado remoto de dois milênios. Isso conta muito como história e hagiografia que não estava desenvolvida naquele período.

Os santos de seu período carregam algumas incompreensões históricas muito próprias de seu tempo. Os mártires do início do cristianismo não tinham a função de serem descritos com as virtudes de cada um deles. Esse fato de anotar as virtudes heroicas de homens e mulheres de Deus surgiu a partir do século IX com o interesse acentuado por algumas figuras que se distinguiam pela fé e pela operosidade cristã. O testemunho forte e destemido levou homens e mulheres a verterem seu sangue pela fé.

O papa Francisco chamou estes e aqueles de "mártires que não são notícia" (6 de março de 2016), referindo-se aos "novos" mártires da fé no mundo atual e à perseguição aos cristãos em países de índole muçulmana e outros. "Não são capas dos jornais", lembrou o papa, "não são notícias: eles dão o próprio sangue pela Igreja. Estas pessoas são vítimas do ataque daqueles que os assassinaram e também da indiferença, desta globalização da indiferença, à qual não interessa".

"Por virtude heroica" é a designação canônica dada ao conjunto de requisitos de exemplaridade de vida, que devem ser demonstrados para que se inicie o processo formal de canonização na Igreja Católica Romana e noutras confissões cristãs, mormente, a Ortodoxa.

São Longuinho é um santo, não apenas das "coisas" perdidas, mas do Cristo perdido entre as pessoas. São tantos aqueles que não conhecem a Jesus. Sua invocação também traz essa designação que, infelizmente, ficou perdida ou esquecida por falta de um devocional existencial e cristão.

No caminhar da vida, alguns ficam para trás. Podemos lembrar alguns membros de nossa família, parentes próximos e distantes, a juventude, aqueles que se embrenham no mundo do crime e de uma vida sem sentido. São Longuinho é uma lembrança de acolhida para estes.

Lembremo-nos de tudo que está perdido ou desencontrado, como uma linha fora do carretel. Infelizmente, muitos vivem esse balançar difícil da vida. Nesses momentos de penúria existencial, a figura de São Longuinho poderá ser uma vertente natural de consolo à tanta aflição. Vamos a ele de forma humilde pedindo sua intercessão.

4.1. A devoção aos santos

Vamos trazer à lembrança de catequese a devoção aos santos, de forma a fazer dela um apanhado de reflexão a respeito do tema. Nós, católicos, não adoramos as imagens e, menos ainda, os santos cultuados. Somente adoramos a Deus único e eterno.

Sendo os santos amigos de Deus, pela santidade, e nossos, por sua perfeita caridade, é justo que lhes tributemos os louvores que, sob esse duplo título, merecem; e que nos recomendemos à sua intercessão junto de Deus. É justo, visto que neles também se realiza, embora em grau bem menor, mas bem verdadeiro, o que disse de si mesma, cheia do Espírito Santo, a mais santa de todos os santos, Maria Santíssima: "Todas as gerações me proclamarão bem-aventurada, porque fez em mim grandes coisas o Todo-Poderoso" (Lc 1,48-49).

Apenas lembrando dois textos da história da Igreja, bem no começo do século II (ano 107), Santo Inácio Mártir, que foi discípulo direto dos Apóstolos e bispo de Antioquia, quando era levado cativo a Roma, onde ia ser devorado pelas feras por causa da fé católica, afirmou em uma carta que escreveu aos fiéis de Éfeso: "Sou vossa vítima, e me ofereço em sacrifício por vossa Igreja" (Carta aos efésios, n. 21). É esse um testemunho da fé da Igreja no valor do martírio sofrido por causa da fé.

Também Orígenes, que viveu no século II e começo do III, atesta a fé da Igreja Católica na intercessão dos santos, nestes termos: "O Pontífice não é o único a se unir aos orantes; os anjos e as almas dos justos também se unem a eles na oração" (*De Oratione*).

Falando de São Longuinho, estamos pensando em todos aqueles homens e mulheres canonizados pela Igreja e que foram dados e apresentados ao culto público de veneração a todos os fiéis de boa vontade.

A devoção ou culto dos santos, como é praticado na Igreja Católica – e não nas superstições espíritas e folclóricas –, teve sua origem na Igreja Primitiva ou Apostólica, que era dirigida pelos Apóstolos, diretamente, ou pelos santos bispos que os Apóstolos mesmos estabeleceram para substituí-los, e não tardiamente, no século IV, como falsamente pretendem os protestantes.

Podemos recorrer à intercessão dos santos de modo a entender que eles, os santos, viveram definitiva e exaustivamente o projeto de Jesus, de maneira a entregar a vida deles como mártires, praticantes de virtudes, missionários, testemunhas da fé etc. Viveram a radicalidade da fé de modo coerente.

Os santos nos fazem lembrar do livro do Apocalipse; formam a multidão de homens e de mulheres que alvejaram suas roupas no sangue do Cordeiro.

Enfim, é comum encontrar pessoas dizendo que ter devoção aos santos e recorrer a eles é não ter fé suficiente em Deus. Essa afirmação seria verdadeira? O Catecismo da Igreja Católica dedica vários pontos a esse tema. Sobre o uso de imagens na liturgia, tratam os números 1159-1162. Também fala das proibições do Antigo Testamento, que abrangem as imagens do próprio Deus, nos números 2129-2132. O texto afirma que a novidade que fundamenta a mudança de perspectiva é a Encarnação do Filho de Deus. Jesus Cristo, ao encarnar-se, inaugurou uma nova economia das imagens (cf. 2131). Portanto, não seria demais afirmar, mais uma vez, que católico não adora imagem! Isso é conversa de quem deseja tumultuar a verdade em nome de sua falsa verdade! Vamos em frente...

4.2. A descrição simbólica de sua imagem

Vamos resgatar os símbolos presentes na decoração de sua imagem.

Quando observamos as diferentes imagens-esculturas-pinturas de São Longuinho, ficamos nos perguntando: o que está de certo ou de errado em sua representação? Em princípio, o devoto não pode ficar com esse questionamento por longo tempo. A imagem-escultura-pintura é apenas uma ilustração daquilo que se admira.

Vamos descrevê-lo, inicialmente, de duas maneiras a entender: duas esculturas em pedra maciça e, as demais, em tamanho pequeno de barro ou outro material. Estas trazem São Longuinho vestido com diferentes tipos de roupa, dando uma característica familiar a nossos usos e costumes, sobretudo, o próprio usa uma túnica mais adequada à condição de vida romana.

O que é mais comum é a existência de três ou quatro modelos de símbolos representando São Longuinho. O modelo clássico e arquitetônico presente na Basílica de São Pedro é de estrondosa beleza. Um modelo inquestionável quando se trata de admirar a arquitetura de Bernini (1639). Mais que a presença de um devocional, traz a dedicação e a delicadeza do artista ao reproduzir aquilo que ele entendia sobre São Longuinho. Valeram sua intenção e sua espiritualidade, presentes naquela escultura de 5 metros de altura. Além de tudo, não se imagina a razão do lugar de destaque da imponente figura.

Outro modelo de inquestionável beleza é a escultura de São Longuinho (1819) no Santuário Bom Jesus do Monte, em Portugal, na cidade de Braga. Além de desaparecer sua "originalidade", ela foi esculpida em uma pedra maciça que foge a toda regra de escultura normal (além da de Michelangelo, La Pietà, no Vaticano). Aqui, Longuinho está a montar um cavalo cuja altivez é desafiante.

Curiosamente, até no santo sepulcro existe um altar dedicado a São Longuinho!

Praticamente são essas as únicas informações que se tem a seu respeito fora do Brasil, sendo que na Macedônia não existem imagens em esculturas! A Igreja Ortodoxa adota as pinturas como cultuais.

No Brasil, praticamente, não temos uma "paróquia" dedicada a São Longuinho. Sua imagem resplandece na Igreja de Nossa Senhora da Escada, no Bairro Freguesia da Escada, em Guararema-SP, cidade que atualmente recebe ônibus repletos de fiéis e curiosos para visita à imagem do santo, e em Congonhas, onde há uma imagem do tipo barroco, mas não são paróquias dedicadas ao santo[2].

"Os moradores de Guararema afirmam que a imagem é a única do Brasil." Guararema é uma cidade pequena, com pouco mais de 20.000 habitantes, perto de Mogi das Cruzes, a 76 km de São Paulo. Mas uma "relíquia religiosa" a destaca das tantas outras cidades pacatas do interior: ali está a única imagem de São Longuinho do país, segundo seus moradores.

---

[2] PIMENTEL, Elam Almeida. A imagem de devoção de São Longuinho em Freguesia. *Sacrilegens*. Revista dos alunos do programa de pós-graduação de Ciências da Religião – UFJF, 14 páginas, 2011. Este texto constitui uma síntese de um dos capítulos da Dissertação de Mestrado "Um Estudo sobre a Devoção a São Longuinho", apresentada ao PPCIR/UFJF em março de 2005. Cf. Sacrilegens, Juiz de Fora, v. 2, n. 1 nas p. 101-114.

A Igreja de Nossa Senhora da Escada foi construída em 1652, tendo sido tombada em 1941. Sua imagem difere, totalmente, dos demais conceitos de imagens de São Longuinho. O aspecto da obra, abrigada na Igreja de Nossa Senhora da Escada, a difere daquelas já bastante conhecidas[3]. O objeto foi esculpido em madeira, e, em vez de ter pintadas sobre si as "suas roupas", São Longuinho possui diversas peças feitas em tecido, as quais são vestidas na imagem de acordo com a ocasião.

Uma característica diferente das imagens comuns: sua imagem é de meio corpo e na mão espalmada está uma chaga; além disso o corpo e a cabeça são de madeira e o rosto é de argila! As demais imagens em divulgação não têm essas características ou particularidades.

Na reportagem da *Folha de S. Paulo,* está descrito: "A imagem de São Longuinho surpreende por não ser em nada parecida com as que se costumam encontrar nas igrejas. Feita por índios, em madeira, a estátua só possui a parte superior do corpo e seu rosto é pintado sem muitos detalhes, com poucos traços firmes" (*Folha de S. Paulo,* 4 de novembro de 2004).

O pedreiro Antônio Matias Vicente foi quem achou a imagem de São Longuinho, no fundo de um baú ve-

---

[3] Segundo tese doutoral, defendida por Elam Almeida Pimentel: "Pituba é o apelido de Benedito Amaro de Oliveira, que foi um santeiro e que, segundo o historiador,viveu no Bairro Freguesia (1870). Morou também em Santa Isabel, próximo a Mogi das Cruzes e Guararema. Para ele, Pituba é o santeiro que fez a imagem de São Longuinho: [...] é provável que a imagem de São Longuinho seja da autoria de Pituba. Vejo muita semelhança entre esta imagem e as demais. [...] A imagem não foi achada, ela estava guardada com outros pertences da Igreja. Ficou esquecida, como outras coisas também ficaram. A Igreja passou por um longo período de reformas, tudo encaixotado, até ser restaurada... a imagem estava no fundo de um armário como outras coisas também estavam".

lho da igreja, por ocasião de uma reforma no pequeno templo-capela. Conta jocosamente seu achado:

> Era ajudante de marceneiro. Trabalhava com Miranda quando encontramos a imagem no fundão, dentro de um armário. Ela estava quebrada, os dedinhos partidos e já sem as pernas. Miranda falou: "Deixa isso aí, que coisa feia" e mandou colocar a imagem junto com as coisas que iriam para o lixo. Eu falei: "E se for algum santo?". Miranda respondeu: "Feio assim?" E começamos a rir, rir... Naquela noite, não conseguimos dormir. Miranda via o santo fazendo careta, apertando os olhos como se o chamasse. Cedinho me chamou e me contou que ficou acordado e ficou sabendo que eu também não dormi pelo mesmo motivo. Miranda falou: "Vamos consertar o santo". E assim fizemos (cf. Elam de Almeida Pimentel).

Na diversidade das figurações de suas imagens, às vezes, aparece como um monge, um frade franciscano, um soldado romano ou um cidadão comum. A imagem de São Longuinho em Congonhas é de estilo barroco. As pinturas (os mosaicos da arte) bizantinas fogem a toda normatividade da Europa e Brasil. Elas têm estilos próprios e são muito belas, elegantemente ornadas e desenhadas de forma meticulosa. Ganham coloridos sóbrios próprios de toda arte de Bizâncio.

As imagens comercializadas no Brasil (inclusive no Mercado Livre, provenientes da China) têm pouca diferença e "estilo". Variam entre, no máximo, três modelos de imagem, sendo que a mais comum é aquela reproduzida como sendo um "monge" (tipo franciscano), vestido de hábito marrom com capuz, portando uma lanterna à mão direita, uma lança ou cajado e, em alguns casos, uma sacola a tiracolo pendurada ao ombro esquerdo. Os pés, em geral, ficam escondidos, apenas aparecendo os dedos.

A lanterna traz a mensagem de algo que se procura na escuridão dos fatos. Todo esquecimento causa certa turbulência na vida (mente e olhos). A luz traz a mensagem de esclarecimento diante do que se procura.

Ter boa memória não é problema. Pelo contrário, é até considerado uma grande vantagem. Mas esquecer compromissos, além de não pegar bem, quase sempre complica as coisas. Inclusive o bolso. Prestações e contas, por exemplo, se não forem pagas até a data de vencimento, podem trazer multas e juros, ou seja, prejuízo, aborrecimento e dor de cabeça. Quem se esquece de fazer e levar a lista quando vai às compras corre o risco de comprar mais do que precisa e não levar o que mais precisa.

Então, é desperdício e perda. Quantas vezes já não se teve de, na última hora, deixar de realizar alguma coisa por ter-se esquecido de fazer algo que era preliminar e fundamental? Pois é, acontece... Todos estamos sujeitos a isso! Aqui, entra São Longuinho em ação com sua lâmpada na escuridão do esquecimento! Invocar sua presença é sempre salutar, e ter consciência do que se está fazendo acaba valendo a pena.

Sua lança nos lembra, em princípio, sua missão: soldado pretoriano. A lança traz o sentido de ataque e de proteção. São dois sinônimos de autodefesa. São Paulo fala sobre a "espada do Espírito" (cf. Ef 6,17). Continua o Apóstolo: "As armas com as quais lutamos não são humanas; pelo contrário, são poderosas em Deus para destruir fortalezas" (2Cor 10,4).

Mais uma vez a Bíblia nos mostra o poder de ataque dessas armas. Somos capazes de destruir as fortalezas criadas pelo inimigo por meio delas. Nesse sentido a devoção a São Longuinho é pertinente, precisa e atual.

A lança é uma arma que, teoricamente, servia apenas como símbolo dos comandantes do reino no passado, mas essa arma também pode ser usada em combate. O guerreiro que usá-la precisa ser muito hábil e forte, pois é de difícil manuseio em combate.

A espada é parte da armadura espiritual que Paulo diz aos cristãos para colocar, a fim de poderem lutar eficazmente contra o mal (Ef 6,13). A espada é uma arma tanto ofensiva quanto defensiva, usada para proteger do mal ou para atacar o inimigo e vencê-lo. Era necessário que um soldado tivesse um treinamento rígido sobre o uso correto de sua espada para obter dela o máximo benefício. Todos os soldados cristãos precisam do mesmo treinamento rígido para saber como lidar corretamente com a espada do Espírito, "que é a Palavra de Deus".

Ao se converter, São Longuinho fez uso de sua "espada" no combate da fé e na defesa do testemunho corajoso. Assim caminha o devoto de São Longuinho, com o olhar fixo no Senhor.

5. O santo que ficou abaixo da cruz

Essa é a parte mais obscura do que se conta e se escreve sobre sua história de vida. Não existem pontos de conexões que unam essas possibilidades de forma mais histórica. Mas vamos a elas de forma tranquila e reflexiva.

Essa possibilidade ficou registrada na tradição oral do povo e daqueles seus devotos mais eufóricos, no sentido de dar uma exagerada conotação à sua devoção. Esse modo de entender São Longuinho vem da tradição medieval, em que se exageravam algumas virtudes de certos santos.

São Longuinho era um soldado romano. Isso é dado como certo e confirmado historicamente por todos os escritores mais antigos. A brecha é dada e narrada pelos próprios evangelistas que, ao escreverem o Evangelho, não citam o nome do soldado que perfurara o lado de Jesus. Com isso, ficou a instigação de que alguém o fizera e esse alguém poderia ter sido Longuinho.

Encontramos duas instigações sobre sua "origem". A primeira é que Longinus, proveniente do termo "*Lonkhe*", é um nome (em latim/grego) que significa "uma lança". Por isso, acredita-se que ele tenha sido o soldado que perfurou com uma lança o lado de Jesus, de onde brotou sangue e água, como São João afirma em seu Evangelho ("Porém um dos soldados furou o lado de Jesus com uma lança. No mesmo instante saiu sangue e água" – Jo 19,34). De acordo com teólogos e estudantes do catolicismo, Longinus na verdade se chamava Cássio e era uma das sentinelas responsáveis por vigiar Jesus em sua cruz.

São Longuinho, como é conhecido, foi, provavelmente, o soldado que reconheceu Jesus como o "Verdadeiro Filho de Deus", logo após a morte do Mestre. Ele é citado pelos evangelistas São Mateus 27,54 – "O oficial do exército romano e os seus soldados, que estavam guardando Jesus, viram o terremoto e tudo o que aconteceu. Então ficaram com muito medo e disseram: 'De fato, este homem era o Filho de Deus!'" –, São Lucas 23,47 e São Marcos 15,39, no momento da morte de Jesus.

Ao lado de Jesus agonizante na cruz deveriam estar bem poucas pessoas. O Evangelho lembra-se de João e Maria e, talvez, mais uma ou outra pessoa. Em todo o caso, a possibilidade remota se torna verídica e possível. Longuinho poderia ter sido um desses privilegiados que ouvira a surdida voz de Jesus. Com certeza não estavam, ali, muitos soldados, apenas o guardião que faria a avaliação da morte positiva daquele crucificado.

O momento da graça não tem ocasião e em todo o tempo ela se faz ouvir. Pois não aconteceu com os que foram crucificados com Jesus? Apenas um se sentiu tocado no momento da morte: "Lembra-te de mim...".

Dizer que Longuinho era "centurião romano" é dizer muito sobre São Longuinho. Parece que não se enquadraria muito no perfil que é passado com certo "desprezo" por sua popular figura! A tradução literal para a palavra "centurião" é aquele que comanda cem, seria uma espécie de suboficial das Legiões Romanas. Jesus curou muitos deles e membros de suas famílias. Apenas lembrando: Jesus cura o servo do centurião em Cafarnaum. Jesus o considera modelo de fé; no pé da cruz o centurião romano considera Jesus um homem justo.

Podemos conferir os textos: Mt 8,5.8.13; Lc 7,2.6; Mt 27,54; Mc 15,39.44ss; Lc 23,47 e outros. Informando aos leitores: o oficial que deveria supervisionar o açoitamento do apóstolo Paulo era um centurião, assim como Júlio, o oficial que o escoltou até Roma.

O dado mais exato e crível vem da pena do arcebispo genovês Jacopo de Varazze, em seu livro sobre a vida de santos, no qual há um capítulo especial sobre São Longuinho, que, para ele, é chamado de "Longino". Assim escreve:

> Longino, um dos centuriões que vigiavam a cruz do Senhor por ordem de Pilatos, foi quem perfurou o flanco do Senhor com a lança, mas vendo os prodígios que então aconteceram – o sol ficou escuro e a terra tremeu – passou a acreditar em Cristo.

O que todos desejam saber é como isso foi parar na tradição oral. Os livros de então eram raros e caríssimos. Os escritores e narradores de estilos eram mais raros ainda, apenas circunscritos no mundo da filosofia e de outras ciências conhecidas na época.

O que deve ter ficado circunscrito como verídico? A tradição oral. Em seguida à Morte e Ressurreição de Jesus, a dinâmica do testemunho foi perfeita, levando João a dizer que isso foi escrito para que cressem, e muitas outras coisas que não constam nos escritos se asseveram como verdadeiras (cf. Jo 20,30s).

Dedução dos textos do Novo Testamento (Jo 19,34-37):

> Porém um dos soldados furou o lado de Jesus com uma lança. No mesmo instante saiu sangue e água. Quem viu isso contou o que aconteceu para que vocês também creiam. O que ele disse é verdade, e ele sabe que fala a verdade. Isso aconteceu para que se cumprisse o que as Escrituras Sagradas dizem: "Nenhum dos seus ossos será quebrado". E em outro lugar as Escrituras Sagradas dizem: "Eles olharão para aquele a quem atravessaram com a lança".

Ficar ou estar embaixo da cruz é um bom sinal. A cruz deve ser mais altaneira que toda a ação humana cristã. Esse soldado foi identificado como Longinus (aquele que traz a lança empunhada).

6. A superstição do católico brasileiro

Temos uma tendência quase natural (histórica, social) a ser supersticiosos! Temos um catolicismo trazido da Colônia portuguesa. Nascemos e vivemos, em geral, em meio às superstições familiares, de vizinhos e outras.

Podemos definir a superstição como uma espécie de crendice popular que não possui explicação científica. As superstições são criadas pelo povo e costumam passar de geração para geração. Por desconhecerem as causas e efeitos de determinados fenômenos científicos, muitas pessoas atribuem a eles explicações sem sentido racional e, portanto, falsas.

As superstições podem, muitas vezes, atrapalhar a vida das pessoas. Podemos citar como exemplo o caso de uma pessoa que deixa de fazer determinadas coisas num dia de sexta-feira 13. Não há nenhuma explicação científica que prevê que esse dia atrai azar, porém, muitos indivíduos acreditam nisso como se fosse uma verdade. Isso é uma superstição que acaba atrapalhando a vida da pessoa.

> Acontece que o povo, mesmo culto, quando não sabe explicar um fato, em vez de dizer "não o sei explicar", atribui-o ao além (Padre Quevedo).

As superstições não são somente de cunho social. O mundo religioso está repleto delas. Pode ser classificada como superstição religiosa a atitude de abrir uma página da Bíblia, ao acaso, acreditando que irá obter a resposta para sua aflição. Quantas pessoas fazem isso diariamente. Elas fazem isso porque ouviram de outras que todos os dias devem abrir a Bíblia, ao acaso, e, ali, Deus estará indicando uma palavra para elas.

Certo dia, alguém aflito recebeu a visita de uma pessoa que se considerava "profetisa" e lhe entregara uma frase bíblica, como se esta fosse ditada pelo próprio Deus para seu consolo! Quantos acreditam nesses mercadores da fé.

Há muitas superstições quanto às cartas de baralho, tarô e outras modalidades, como se estas ditassem algo a seu interlocutor. As pessoas acreditam em visionários, em mantras, em horóscopos, em profetas, em pessoas reveladas, em mensageiros, em duendes, em fadas, em feitiço etc.

E há outras superstições, inclusive curiosas e cheias de malandragem, como estas aqui: – Quando um cão uiva é sinal de que a morte está próxima. – Quando a coruja "canta" sobre o telhado da casa é sinal de que a morte está próxima. – A criança que chorar três vezes no ventre da mãe terá poderes sobrenaturais e poderá ser adivinho. – Para fazer uma bruxa fugir cruzam-se os dedos de uma das mãos e diz-se: Tu és ferro / Eu sou aço / Tu és o diabo / E eu te embaço.

Entre nós, brasileiros, existe uma série de crendices e superstições que não sabemos, de fato, como surgiram. Quando era criança e morava no sítio, havia um determinado lugar da estrada batida de terra onde se ouviam, à noite escura, uivos de cachorro, enquanto uma sombra atravessava a estrada, e o bater das portas de uma casa abandonada. Para a garotada de então eram cenas de terror, e ninguém se aventurava a passar por ali logo ao pôr do sol! Mesmo durante o dia, se por ali passassem, ficavam arrepiados de medo.

As pessoas mais velhas contavam para nós essas histórias macabras como verídicas e factuais. Os rapazes que namoravam e voltavam à noite a cavalo não se aventuravam a passar por ali sozinhos. O perigo era que os cavalos empacavam e, relinchando, não saíam do lugar. Sempre em dupla ou em grupo. Assim nada acontecia e nada ouviam.

Quando morria alguém do bairro, só se saía em grupos e um bem perto do outro; se a pessoa, em geral idosa, tivesse a fama de má, era pior. O espírito dela ficava pairando por várias noites e só desaparecia na lua minguante.

Em nossa região, havia um senhor que era médium de um centro espírita. Nas sextas-feiras, que era a noite das sessões, nenhuma criança, adolescente ou jovem se aventurava a passar pelas estradas
próximas. Diziam que os espíritos maus estavam rodeando aquela região e poderiam pegar a qualquer um de nós. Se tivesse que sair à noite, só se saía em grupo e bem perto um do outro! Que medo!

6.1. O que é simpatia?

Não estamos tratando de um sentimento religioso no qual a pessoa se torna agradável a outra. Simpatia é um sentimento de afinidade que atrai e identifica as pessoas; é uma tendência instintiva que leva o indivíduo a estabelecer uma harmonia com o outro, permitindo a criação de laços de amizade.

Falemos um pouco sobre isso em virtude de São Longuinho. Muitos dos seus devotos têm uma compreensão deturpada da ação dele na vida cristã. Corrigir alguns equívocos é nossa tarefa neste livro, fazer deste texto um pouco de catequese a respeito da devoção aos santos e de sua comunhão entre nós. O fato de se darem ou não três pulinhos não engrandece ou desmerece a graça recebida.

Estamos explorando o tema da superstição religiosa, na qual as pessoas, inclusive algumas católicas, aventuram-se a uma "sortezinha". No Brasil, "simpatia" é o nome dado a um ritual ou a um objeto de superstição usado para prevenir ou curar um mal-estar ou uma enfermidade. No uso popular brasileiro, a simpatia pode ser considerada uma espécie de feitiço ou magia, mas com uma conotação menos negativa, não estando relacionada com práticas malignas.

Por norma, as simpatias são rituais feitos tendo como objetivo coisas positivas ou benéficas, como a conquista de um amor ou a cura de uma doença, por exemplo. Não estamos falando em macumba ou encomenda de santos alheios à fé católica.

As simpatias estão ligadas ao mundo rural e adentraram no urbano de forma mais "modernizada", pois aqui não se encontram assombrações, nem espíritos vagantes pelas ruas da cidade! As simpatias têm um caráter de proteção àquele que acredita em sua potencialidade. É muito comum pessoas usarem amuletos, figas, talismãs (folha

de trevo, de São Jorge) e outros badulaques espirituais para se sentirem protegidas. Outros exemplos de superstição: "Não passe embaixo dessa escada, pois dá má sorte". "Cuidado com esse espelho!"
"Se você quebrá-lo, terá sete anos de azar." "Se sua orelha está quente ou vermelha, alguém está falando de você", e assim por diante.

A juventude é muito afoita quanto a algumas simpatias para conseguir um namorado etc. Na maioria das vezes, as simpatias estão relacionadas ao mundo sentimental. Por exemplo, esta: "Para trazer amor de volta, pegue uma vela, escreva nela o nome dele duas vezes, depois diga: 'Vamos ficar juntos, pelo poder da terra, do céu e do mar, vamos ficar juntos'" (atenção: não é para fazer...). Entre as simpatias mais populares, está a da imagem de Santo Antônio: acredita-se que as jovens devem comprar uma pequena imagem de Santo Antônio e tirar o Menino Jesus de seu colo, dizendo que só o devolverão quando conseguirem encontrar o amor, ou, ainda, virar o Santo Antônio de cabeça para baixo, dentro ou fora de um copo de água, avisando ao santo que só vão desvirá-lo – ou "desafogá-lo" – quando um novo amor surgir em sua vida...

Gabriela Becker escreveu:

> Superstições, geralmente, surgem de pensamentos religiosos baseados no temor ou desconhecimento. Existem desde que o mundo é mundo, criadas numa época em que os humanos não dispunham do conhecimento científico que têm atualmente. Histórias, muitas vezes recheadas de magia, eram passadas de geração em geração para explicar o funcionamento do mundo.

Assim, foram desenvolvidos rituais que persistem até hoje. Por mais que muitas dessas superstições sejam comuns em vários países, como o azar que traz cruzar com um gato preto na rua ou a tão temida sexta-feira 13, algumas crendices são características do Brasil.

As simpatias são sempre relacionadas à cor vermelha, à lua crescente, às encruzilhadas etc. Poderíamos escrever inúmeras páginas, mas aqui nosso interesse é dizer que São Longuinho não é uma devoção supersticiosa, e os pulinhos não são simpatias para atrair a atenção do santo. O devoto vai a São Longuinho de coração limpo e purificado de todos os vícios supersticiosos.

Certamente, devemos resgatar a piedade a São Longuinho, bem como outras devoções católicas repletas de tendências supersticiosas, que não correspondam à fé católica. Por mais linda que seja a piedade religiosa, não se deve ligar a uma suposta prática de umbanda, espiritismo ou coisa que o valha (eles têm sua forma de entender sua religiosidade e nós a respeitamos).

7. Uma reflexão sobre a religiosidade popular

Vivemos um tempo – algumas décadas – de grande especulação e exploração religiosa. Isso não significa que o povo se tornou mais cristão, apenas, talvez, quem sabe mais religioso, e, para desconforto da maioria que vive atolada nesse lamaçal de encantamento religioso, isso não traz nenhum benefício à fé cristã católica. Apenas uma leve e suave sedução da consciência ingênua de uma parte ou grupo dos católicos e de alguns protestantes, chamados de evangélicos do último tempo.

O excessivo devocional direcionado ao pobre – não no sentido social – povo católico tem merecido algumas reflexões a esse respeito, mas nada se tem feito para mudar esse quadro que, contrariando as estatísticas, tem aumentado consideravelmente. Lastima-se tal atitude de líderes católicos envolvidos nesse time de péssima categoria. Apenas a insistência no consolo ao povo sofrido. Com o massacrante hedonismo religioso, político e social alguns transferem esses desvalores à esfera religiosa, fazendo entender que a "Igreja" seria mais atraente e saudável. A Igreja está a perder a cada dia sua força profética; a inspiração primitiva de uma nova terra e novo céu; a emergência da ternura que nasce da cruz redentora.

Parece-nos que, se a gente não aderir a essa torrente de encantamento, estará, hipoteticamente, fora da arena desse descomunal circo de diversão religiosa. Parece-nos, também, que é o modelo do "novo católico", e muitos têm procurado esse perfil para vivenciar sua fé. Há uma fascinante atração. Certamente, não foram os leigos que inventaram esse modelo; isso saiu da mente de uns padres!

7.1. Os modelos de devocionais

Nesse emaranhado de situação detectam-se três tipos de convivência eclesial: a católica, a carismática e a tradicional. Todas dentro dessa esfera a qual denominamos Igreja. Para alguns isso não tem a menor importância, mas para outros isso determina os vieses pelos quais passam a vida da comunidade. Muitos querem admitir que isso se chama diversidade, diríamos que, aqui, está o conflito entre o novo e o antigo, o moderno e o passado, o comum e o contemporâneo.

É uma religião mágica que resolve todos os problemas das pessoas, desde que se obedeça ao inspirado líder e àquilo que ele diz ser o melhor para se vivenciar. Ali ou aqui, resolve-se qualquer problema de ordem social, afetiva, religiosa e coisa e tal. Basta apenas aderir a qualquer corrente de bênçãos, palestras alienantes, discursos hipercatólicos, encontros libertadores, missas de encantamento...

Um consumismo do mercado globalizante do status religioso tem atraído e conquistado a muitos. Não lhes interessa o contexto pastoral, apenas o midiático. Se render público e dinheiro, está tudo bem e esse é o caminho certo da inspiração divina, pois tudo é ditado pela Santa Providência que a tudo dá um jeito.

Uma religião que não transforme as estruturas está capenga e carece de profecia, de homens e mulheres novos com novo ardor missionário. Há um linguajar de endeusamento do humano que seduz as mentes turvas e propensas à esquizofrenia coletiva. Quando as pessoas se metem nesse engodo, elas não suportam a verdade do outro; apenas as suas, de seus líderes espirituais (e como têm surgido muitos).

Mas isso não é um milagre simples. Tem de se fazer alguns esforços. Para isso os líderes montam um verdadeiro quartel de encantamento; encontros e mais encontros. É sua tática; a isca para atrair os incautos e embasbacados pelo mistério, pela solução imediata de seus problemas. Nada de catequese, de formação, apenas dizer que tudo isso está a serviço da evangelização. Não se pergunta, todavia, qual evangelização estão propondo aos seus seguidores e qual Igreja se deseja.

As orações feitas nas missas e nos cultos são chamadas "correntes de libertação", novena de..., semana de..., dia de... Inicia-se na segunda-feira com a corrente da prosperidade; na terça, com a da saúde; na quarta, a busca do Espírito Santo; na quinta, corrente da família; na sexta, corrente da libertação; no sábado, outra vez a corrente da prosperidade; e no domingo, a corrente de louvor e de adoração.

Aparecem também outros encantamentos: as concentrações, as marchas, os retiros, os acampamentos, a subida ao monte, as missas com muitos adjetivos... Será que o Gólgota e o monte das oliveiras estão a mudar de nome?

Essa é a tática dos protestantes pentecostais, e a dos católicos é um pouco diferente. A segunda-feira é dedicada às almas. Sexta é o dia da Paixão; no sábado é a vez de Nossa Senhora, e assim por diante. Acampamento disso e daquilo. E o povo lá está aos montões! Para dar aquele requinte de santidade. Ali tudo é tratado como santo: a santa missa, a santa confissão, a santa Eucaristia, a santa Palavra... Sem citar os seus santos próprios...

7.2. Os santos de plantão

E os santos? Somente os mais "fortes" têm lugar em suas celebrações! Há uma verdadeira escala de valores na santidade proposta. Coisa que não tem nenhum embasamento teológico; apenas uma isca para fisgar os imprudentes. Os santos católicos do Brasil não têm uma única vez nesse consumismo religioso, apenas os que eles elegeram. Nunca se ouve dizer de Santa Paulina, Santo Antônio de Sant'Ana Galvão, São José de Anchieta, Beata Dulce de Jesus, Beata Francisca de Paula de Jesus (Nhá Chica), Luciano e outros... Estes nos parecem que nunca foram ungidos ou receberam manifestações extraordinárias. Somente os que receberam manifestações místicas lhes interessam.

Não é diferente no trato com os títulos de Nossa Senhora. Somente aquelas aparições extraordinárias podem ter vez e voz ao devocional mariano. Mesmo a "Nossa Senhora Aparecida", quando nunca é lembrada. Uma verdadeira contradição mariana e uma falta de deferência a Maria de Nazaré, serva humilde e obediente ao Senhor.

Acrescidas a isso aparecem as missas de cura e de libertação com as bênçãos de todos os objetos de devoção e de não devoção – flores, lencinhos, fotografias, velas, carteira de trabalho, água –, além das unções com óleo santo... As várias bênçãos acrescidas à religiosidade popular de cunho português da Colônia. O povo já nem sabe mais qual santo ou santa é mais poderoso. Enquanto isso, se vai minguando a catequese, e a formação religiosa fica restrita a meia dúzia de santos importantes (para eles).

Para ficar mais acalentado, fazem um "passeio" com Jesus do ostensório; imaginem que isso é feito logo após ter celebrado a Eucaristia, na santa missa! Poderia, inclusive, perguntar-se: a missa não valeu nada? Mas é um momento mágico e sublime. Momento de tocar no ostensório, pedir e, para muitos, repousar no Espírito. É Jesus que está "passando e curando a muitos". Estenda sua mão para receber a cura... sempre tem um para animar o divino passeio.

Quando passa o ostensório, alguns, tocados pela graça divina, esborracham-se no chão e afirmam que estão repousando no Espírito! Existe uma verdadeira catarse coletiva que a muitos atiça a se mostrarem fracos e contorcidos pela divina presença. Segundo alguns, isso era dado apenas a alguns privilegiados santos, e agora esse repouso passou para quase todos. Será que meia dúzia de santos são modelos para bilhões?

Em muitas comunidades se realiza o cerco de Jericó, e atribuem a Josué a façanha de ter derrubado os muros da cidade inimiga! Qual o muro a ser derrubado, adverte o líder! No entanto, apesar de todo esse encantamento, os muros estão, a cada dia, mais firmes construídos em nome da ignorância ou da boa-fé do povo! Que pena que não vemos os muros da corrupção e do social serem derrubados. Tudo continua igual até o próximo cerco. Nada de ação social, apenas aquela que interesse ao grupo religioso.

Esses atos paralitúrgicos são feitos com verdadeira pompa. O sacerdote se veste com a roupa do último modelo da confecção de artigos religiosos, que, também, se aproveita da festa. Alguns usam o baldaquim para proteger o Santíssimo, coisa da Idade Média! E para completar, é feito dentro da igreja, onde não faz sol nem cai a chuva ou o sereno, com velas, sineta, incenso e o cerimoniário, que dá o tom do passeio ou do divino cortejo. Tudo isso acolitado por um grupo de jovens vestidos de quase padres!

7.3. A religião em clima de grande festa

O que nos deveria preocupar é a metáfora "macdonaldização" da fé: o descarte da memória libertadora de Deus descrita nas Escrituras e proposta pela doutrina da Igreja e, mormente, a celebração dos cinquenta anos do Concílio Vaticano II.

Atualmente a religiosidade passa a ser um importante elemento de autoajuda e solução imediata para os problemas cotidianos. E o testemunho dos fiéis, sobre as graças obtidas, acaba funcionando como importante veículo de conversão do outro, mas jamais ao outro.

A religião está mais parecendo com um verdadeiro *fast-food*, em que se mata a fome de forma rápida e passageira, no entanto, não alimenta nem o corpo, nem o espírito, e a fome sempre volta a rondar. Nada de leitura, a não ser os livros de seus líderes. Música? Somente aquelas inspiradas, gravadas e comercializadas pelos seus líderes, donos das gravadoras. Os produtos serão sempre do mesmo pacote religioso à venda em sua lojinha, que também tem um atrativo nome religioso. É a cesta básica para se manter por alguns dias. O comércio das vendas está garantido. A função é compor e gravar e vender sempre tendo em vista a evangelização!

O povo tem pressa. A modernidade criou esse elemento de descarte na maioria dos cristãos. Impõe-se a concepção do instantâneo, da rapidez, da fugacidade, do efêmero contra a ideia do duradouro, da visão de que as atividades e as soluções de problemas necessitam de um processo e de tempo para se realizarem. Ninguém mais deseja esperar a graça operante de Deus acontecer. Contraria-se, substancialmente, o modelo de Santa Mônica ou de Abraão, que esperaram por décadas para que a graça e a promessa acontecessem em sua vida.

Para o encantamento da plateia, tudo que se diz alegam vir de uma inspiração divina que passa pelo coração. Deus inspirou o líder a proferir aquela profecia, aquela palavra profética, a revelação. Deus tocou seu coração, e o povo se esborracha em palmas e aleluias. Também não seria por menos: se Deus falou, está falado! Essa é a forma que eles adotaram para dar crédito ao que dizem, pois, se disserem que eles falam aquilo em que acreditam, o povo não daria crédito algum!

Para ficar mais atrativo, não falta a seção da oração na língua dos anjos. Apelam para que todos se abram a esse momento mágico de encantamento descomunal. Seduzem o povo dizendo: vão se abrindo à língua dos anjos; soltem a língua. Pelo que se sabe, nas Escrituras, os anjos adoram a Deus com sua aclamação à santidade divina e, no dizer do profeta Isaías, cantam apenas "Santo, Santo"... Os olhos marejam pela atmosfera contagiante dos ativistas quase divinos. Há, sem dúvida, muita comoção; revelam-se as carências afetivas e a necessidade de uma catarse contagiosa.

A religião nesse clima assume uma atmosfera de êxtase quase mágico. Todos entram naquele clima de comoção e doçura do "espírito". Todas as palavras dirigidas são para atingir a meta: os ressentimentos sufocados afloram. É como se o céu descesse à terra e subisse ao abissal. Uma terapia barata que é apenas atiçada e jamais acompanhada. Alguns ficam com sequelas irrecuperáveis. Ninguém fica como responsável pelo processo de contaminação espiritual de alguns membros.

Vista por este ângulo, a religião séria não conquista mais adeptos, e ficamos sozinhos falando e propondo o que a Palavra de Deus nos orienta. A missa, o culto devem ser superagitados com muitos cantos e aclamações de todo tipo. Religião parada não funciona mais, dizem ser "missa sem graça", típico de uma cultura urbana, em que o povo não mais tem tempo para coisas duradouras; ninguém mais tem paciência e tudo deve ser fluido e rápido.

A Igreja deve ser a "gosto do freguês". Sem essa característica a Igreja fica vazia e fria. Tudo deve girar em torno de um interesse imediato e subjetivo. Deus tem que corresponder aos apelos do grupo de devotos e crentes que clamam ao Deus clemente com "gemidos inefáveis".

O que muita gente almeja é uma Igreja que satisfaça suas vontades (2Tm 4,3) e atenda suas preferências, aceite-as como estão (mesmo que em pecado), funcione como querem, pregue o que gostam, incentive seus desejos, faça-as se sentir realizadas, nutra suas ganas, proponha-lhes conquistas, prometa-lhes soluções rápidas, alimente-lhes o ego, assimile os seus modos e as faça encontrar culturalmente sua tribo.

7.4. A propagação da fé inconsequente

Isto é o pluralismo religioso e sedutor de alguns líderes: produtores do mercado simbólico/religioso que deve ser consumido pelos fiéis. São protagonistas de novidades em cima de novidades.

O discurso religioso é de suma relevância. Hoje é muito comum se ouvir falar sobre a ação do inimigo: o Demônio! Nem sabem ao certo sobre o que estão falando. Mas como o povo, em geral, tem muito medo do Diabo, ele acaba sendo um elemento útil para seduzir pelo discurso. Ele é responsável por todo tipo de situação desconfortável. As heresias modernas se acumulam e são estimuladas pelos líderes, de forma a atrair a plateia. Importa ter a casa cheia!

A proposta da salvação em Cristo acaba sendo secundária ou empobrecida, de forma a deixar o inimigo ser mais operante que a graça libertadora de Deus. Um verdadeiro erro doutrinal.

Um dia desses, ouvia um líder pregando sobre a cruz. O sentido da cruz estava tão repaginado que mais se parecia com uma UTI espiritual onde o doente aguarda por melhora. A plateia, em geral de classe média acomodada, delirava ao clamor apaixonante do pregador. Além do tema da cruz, aventurou-se a proferir sobre a pobreza de Cristo na cruz. Eram palavras tão sublimes que parecia fazer gosto morrer pregado na cruz. Pareceu-me um aviltamento à teologia do sofrimento e do padecimento do Nazareno. Tantos anos de teologia e deu-me a impressão de que o pregador nunca lera Isaías, que fala sobre o servo sofredor. Seria o mínimo!

O que é muito lamentável observar é quando a Igreja acaba sendo um verdadeiro supermercado, onde se oferece todo tipo de lenitivo para os fiéis absorverem seus produtos saídos dos fornos de mentes exaltadas e pouco preparadas para os desafios da vida. Nessa plataforma o fiel monta seu carrinho de compra e fica atento às ofertas religiosas que aparecem a cada dia: na Igreja, no rádio e na televisão. Forma-se um *drive thru* religioso, em que o fiel serve-se de acordo com suas preferências.

Na outra ponta, na entrada do supermercado religioso, está o pregador famoso que se destaca dos demais e a busca de mais uma missa show, pois só esta faz sentido ao não sentido do ato litúrgico. Ele está todo em batina preta com uma faixa amarrada caindo à cintura e com um impecável colarinho tipo romano revestido da mais sublime casula, costurada na última moda do estilo gótico! Para ele é o máximo, e para o povo resta o ato de uma reverente adoração. Enfim, é o consumidor do sagrado e o representante máximo da religião.

Agora, com essa enxurrada de padres "embatinados" e com colarinho de padre, aparece a novidade de desejarem celebrar missa no rito tridentino. O povo mal entende do rito latino-romano, imagine, agora, desejando que se celebre em latim. Mas o importante não é entender, é viver aquele mistério sublime. Verdadeiro show de mau gosto em terras de Santa Cruz.

Nesse clima, ao pobre povo resta apenas a obediência e a submissão, pois seus arautos são imbuídos de um grande propósito divino; são chamados de sacerdotes, e não de um modesto padre de aldeia, servo do Senhor. Padre pode ser qualquer um, mas eles são sacerdotes do Altíssimo. Por isso requerem a reverência merecida; e tem mais: não estão a serviço do povo, mas, sim, do Deus Altíssimo, nosso Senhor. Dão entrevistas na televisão e escrevem artigos em sites dizendo sobre o sentido da batina, sua importância e sobre a sublimidade de uma mulher de saia comprida na igreja! O padre se distingue pelo uso da veste. O entrevistador se deleita com as revelações do ungido.

No palco ou altar, os cantores, que se dizem gospel ou de um ministério, desvelam-se cantando suas canções melancólicas, interessados na venda de suas bugigangas melodiosas como objeto de evangelização. Agora aparecem as irmãs que se dedicam ao canto religioso com suas "religietes", fazendo suas coreografias, seus malabarismos de adoração!

Nas Igrejas, os cantores não são mais "grupos de canto", são chamados de "ministério do canto litúrgico". Hoje, quase tudo é reconhecido como ministério sem o ser de verdade, apenas de nome. Há também os ministérios dos acólitos e outras modalidades.

Tudo isso de frente a nossos olhos, e a autoridade eclesiástica faz de conta que nada enxerga! Tudo isso é público: no rádio, na televisão e nas igrejas. É isso que nós conhecemos por sociedade neoliberal; um verdadeiro *fast-food* em que o imediato é que faz sentido.

Na sociedade de consumo, a religião ocupa um lugar de destaque. Não é a catequese, a evangelização, a vida comunitária, a pastoral que conta, mas aquilo que serve para o momento. Nesse clima, o religioso assume um papel importante: interfere naquilo que interessa a ele e aos seus. O modelo peculiar é a constante criatividade para responder às expectativas imediatas de seus súditos. A base é a inovação, e daí apela-se à liturgia e faz-se dela um show à parte. Não importa o que Deus tem a dizer, apenas o que se tem para vender!

Os testemunhos são de cunho sentimentalista e recheados dos antigos pecados; a proposta é a do namoro santo; o casamento virginal. Nada disso está errado, mas a insistência sem resultado operativo ao Evangelho. Nenhum testemunho que toque a raiz do pecado social, nada de vida comunitária e política. Nenhuma atitude que toque o pecado do mundo que levou o Senhor à cruz.

O ciclo da fé tem cada dia mais encurtado sua ação. Não deve ser duradouro, pois isso não produz resultado de eficiência; há a necessidade de criar a cada dia mais coisas para serem consumidas. É o mundo religioso do descartável, do efêmero, do líquido que se esvai a cada celebração deixando sempre a sensação da volta.

A publicidade é outro fator preponderante. Nada disso pode acontecer se não der evasão à publicidade.

Os negócios religiosos devem ser proclamados nos telhados, meios de comunicação, diríamos. É a conquista do mercado e a luta pela sobrevivência de uma ideia. O consumo se torna vital para sua sobrevivência. É a religião que satisfaz as necessidades imediatas de seus clientes.

Enfim, fica um alerta para a reflexão sobre o devocional de São Longuinho. Ele e os demais santos não podem estar cravados de certo ilusionismo decadente, em que a intercessão do santo seja realizada de forma mágica. O devocional não tem essa finalidade na vida do devoto. Somos motivados pela fé amadurecida e ilustrada pela esperança na comunhão dos santos.

Não se vai ao devocional motivado por uma popularidade a todo custo. Lembrávamos, há algumas décadas, a devoção exagerada a Santo Expedito. Aconteceu que aquilo não correspondia a uma verdade. Apareceram os exploradores da fé popular, que desacreditaram sua devoção. Hoje, encontramos dificuldades em resgatar o otimismo de sua fé e de sua popularidade. Assim, podemos lembrar-nos de São Jorge e outros santos[4].

Fica registrado, ao devoto de São Longuinho, que o fato de dar três pulinhos não está relacionado à sua honra, mas, sim, à fé que verte dessa tríade: fé, esperança e caridade.

---

[4] GASQUES, Jerônimo. *São Jorge, o santo guerreiro*: história e devoção de um santo muito amado. São Paulo: Paulus, 2015, 133 p. A tradição o apresenta como quem enfrenta o dragão, simbolizando uma fé estável e a sua convicção religiosa, ou seja, alguém que triunfa sobre a força do maligno (da quarta capa). O livro resgata a religiosidade popular e os devocionais mais remotos com pouca literatura.

8. Novena a São Longuinho

Preparação: Se for feita em casa, em família, prepare uma mesa, toalha, flores, velas, folha de canto, imagem de São Longuinho e tenha este livro em mãos. Não se preocupe com o ambiente, apenas aquele necessário para o lugar de oração. Convide os familiares, amigos e vizinhos para rezarem juntos. Aproveite o momento para divulgar a devoção a São Longuinho.

Que todos tenham este livro, em mãos, para seguir as orações. Verifique, com antecedência, se alguém teria um testemunho para ser dado a todos. O testemunho edifica as pessoas e tonifica aqueles que participam da novena.

Escolha: Se optar por fazer a novena na igreja e a sós, é só ter o livro em mãos, muita fé, ânimo e devoção. A novena feita em grupo é mais indicada. O devoto poderia optar por fazê-la com sua família (pai, mãe e filhos).

O papa Francisco asseverou:

> O verdadeiro vínculo é sempre com o Senhor. Todas as famílias têm necessidade de Deus: todas, todas! Necessidade de sua ajuda, de sua força, de sua bênção, de sua misericórdia, de seu perdão. E requer-se simplicidade. Para rezar em família requer-se simplicidade! Quando a família reza unida, o vínculo torna-se mais forte (Homilia da Missa do Encontro de Famílias, que se realizou em Roma em outubro de 2013).

Proposta devocional: Esta novena poderia ser instituída, com a anuência do pároco, a cada dois ou três meses na comunidade e em horário da tarde ou da noite, dependendo da disponibilidade da comunidade. Não seria interessante fazer a novena em todos os meses do ano; as pessoas se cansam e se acostumam, também.

A sugestão por algumas novenas durante o ano seria uma excelente opção pastoral, e elas poderiam ser animadas com cantos, violão e cantores. O cuidado pastoral é não tornar a novena algo cansativo e repetitivo.

Observação: Este modelo de "novena" poderá ser feito ao longo de nove dias, em três dias ou em um só dia (vez), dependendo da disponibilidade do devoto e da urgência do pedido. A novena não se encerraria se o devoto recebesse, antecipadamente, a graça.

Para aqueles que optam por fazê-la em grupos, as intenções desta novena seriam compartilhadas por todos aqueles que irão participar da novena. Coloque em comum e em voz alta – todos os dias – as intenções particulares.

Veja o modelo proposto neste livro (todos com o livro em mãos):

Início: Sinal da cruz, momento de silêncio, se desejar com um canto.

Todos: Oração inicial a São Longuinho.

Glorioso São Longuinho, a ti suplicamos, cheios de confiança em tua intercessão. Sentimo-nos atraídos a ti por uma especial devoção e sabemos que nossas súplicas serão ouvidas por Deus, nosso Senhor, se tu, tão amado por Ele, nos fizeres representar. Tua caridade, reflexo admirável, inclina-te a socorrer toda miséria, a consolar todo sofrimento, suprir toda necessidade em proveito de nossa alma, e assegurar cada vez mais nossa eterna salvação, com a prática de boas obras e imitação de tuas virtudes! Atenda, neste momento, nossas orações. Amém.

Dirigente: São Longuinho, olha compassivo o nosso pedido. Precisamos de tua ajuda neste momento de incerteza; vem em nosso socorro e intercede a Deus por nós. Nós te pedimos, São Longinho, tu que foste banhado pela misericórdia divina, sendo o primeiro romano a converter-se e a confessar a filiação divina de Jesus; ensina-nos a apaixonar-nos cada vez mais por esse coração transpassado. Alcança de Jesus a misericórdia para a Santa Igreja que peregrina neste mundo errante; pede pelas almas do purgatório, para que alcancem deste sangue e água todos os dias derramados em todos os altares de todo o mundo o alívio e a abreviação de seus sofrimentos. E a graça de... (momento de silêncio e de refazer os pedidos de todos os presentes).

Todos: Nós agradecemos a São Longuinho este momento de oração e de elevação de nossas almas ao Deus todo-poderoso. Imploramos a sua presença caridosa em busca daquilo de que necessitamos. Obrigado por nos olhar com ternura e esperança.

Momento de reflexão: O dirigente poderá ler um texto (escolhido com antecedência) do livro: *São Longuinho – Três pulinhos com fé*. Se for oportuno, faz-se alguma partilha da Palavra ou se lê algum texto da Bíblia para motivar a novena. Tudo deve ser preparado com antecedência. Neste momento, pode-se aproveitar a ocasião para um instante de catequese, contar alguma experiência, alguma graça recebida etc.

Sugestão de leitura: No nosso livro ficam as sugestões de leitura:

– Uma palavra de conselho do papa Francisco (p. 5).

– Capítulo 4: "Pode-se invocar São Longuinho" (p. 29), e capítulo 6: "A superstição do católico brasileiro" (p. 43).

– Na Bíblia, pode-se ler: Isaías 41,10: "Não temas porque eu sou contigo, não te assombres porque eu sou o teu Deus, te sustento e te ajudo com a destra da minha justiça"; o Salmo 23 (o Senhor é o meu pastor); Sl 30,5; Sl 107,6; Sl 18,1-6; 1Pd 5,6-7; Sl 44,7-9: "Não confio em meu arco, minha espada não me concede a vitória; mas tu nos concedes a vitória sobre nossos adversários e humilhas os que nos odeiam. Em Deus nos gloriamos o tempo todo, e louvaremos o teu nome para sempre"; Tg 1,2-4; Rm 8,28-29.

Dirigente: Rezar, finalmente, estas invocações a Cristo:

Senhor, tende piedade de nós.

Jesus Cristo, tende piedade de nós.

Senhor, tende piedade de nós.

Jesus Cristo, ouvi-nos.

Jesus Cristo, atendei-nos.

Pai do Céu, que sois Deus, tende piedade de nós.

Filho Redentor do mundo, que sois Deus, tende piedade de nós.

Espírito Santo, que sois Deus, tende piedade de nós.

Santíssima Trindade, que sois um só Deus, tende piedade de nós.

São Longuinho, rogai por nós.

Dirigente: Convoque todos os presentes para terminar com as seguintes orações: Pai-Nosso, Ave-Maria e Glória, com a jaculatória: "São Longuinho, intercedei por nós"!

Todos: Demos graças a Deus e esperamos pela divina misericórdia. São Longuinho, roga por nós. Amém.

Dirigente: Poderá dar alguns recados e informações necessárias e encerra-se o momento da novena.

Todos: Reza-se a oração final a São Longuinho:

São Longuinho, que aos pés da cruz abristes, com a lança, o coração do crucificado, de onde jorrou sangue e água, pede a Jesus por nós; que o sangue inunde, com o Espírito Santo, o mundo e nossa vida; que cada um tenha a alegria de penetrar no coração do Filho de Deus e receber amor e graça. São Longuinho, ajuda-nos a agradecer. Amém!

Obs.: se houver oportunidade, cantar um canto final.

9. Terço de São Longuinho

O Terço de São Longuinho é um modesto momento de oração e de contato espiritual com o santo amado. O terço é uma meditação própria daquele que deseja alguns instantes de espiritualidade sossegados em um local escolhido, que poderá ser na Igreja, em casa e mesmo na rua, no ponto de ônibus etc.

Segue-se o modelo do Terço de São Longuinho com 28 contas (o número é simbólico, supondo a idade que teria o soldado Longuinho ao se converter!). O terço é dividido em quatro (4) partes – mistérios – de sete (7) contas. Depois das sete Ave-Marias rezam-se uma invocação e a jaculatória (conforme está abaixo).

Na oração do Terço de São Longuinho não há a necessidade de rezar os mistérios normais do terço comum de Nossa Senhora. Sabemos que são quatro os mistérios para cada dia da semana. A escolha poderá ser uma opção conforme o dia da semana para rezar o terço. Aos que desejarem fazer ao modo comum, segue a sugestão.

Assim é sua divisão e conteúdo para cada dia da semana e o mistério a ser contemplado na oração do terço.

Mistérios gozosos *(segundas-feiras e sábados)*
1. A encarnação do Filho de Deus.
2. A visitação de Nossa Senhora a Santa Isabel.
3. O nascimento do Filho de Deus.
4. A apresentação do Senhor Jesus no templo.
5. A perda do Menino Jesus e o encontro no templo.

Mistérios dolorosos *(terças-feiras e sextas-feiras)*
1. A oração de Nosso Senhor no Horto das Oliveiras.
2. A flagelação do Senhor.
3. A coroação de espinhos.
4. O caminho do calvário carregando a cruz.
5. A crucificação e morte de Nosso Senhor.

Mistérios gloriosos *(quartas-feiras e domingos)*
1. A Ressurreição do Senhor.
2. A ascensão do Senhor.
3. A vinda do Espírito Santo.
4. A assunção de Nossa Senhora aos céus.
5. A coroação da Santíssima Virgem.

Mistérios luminosos *(quintas-feiras)*
1. O batismo no Jordão.
2. A autorrevelação nas bodas de Caná.
3. O anúncio do Reino de Deus convidando à conversão.
4. A transfiguração.
5. A instituição da Eucaristia, expressão sacramental do mistério pascal.

Início:
– Em nome do Pai e do Filho e do Espírito Santo.

Vinde, Espírito Santo, enchei os corações dos vossos fiéis e acendei neles o fogo do vosso amor. Enviai o vosso Espírito e tudo será criado e renovareis a face da terra.

Oremos: Ó Deus, que instruístes os corações dos vossos fiéis com a luz do Espírito Santo, fazei que apreciemos retamente todas as coisas segundo o mesmo Espírito e gozemos sempre de sua consolação. Por Cristo, Senhor nosso. Amém.

Oferecimento:
Divino Jesus, nós vos oferecemos este terço que vamos rezar, meditando nos mistérios de vossa redenção. Concedei-nos, por intercessão da Virgem Maria, Mãe de Deus e nossa Mãe, e na proteção de São Longuinho, as virtudes que nos são necessárias para bem rezá-lo e a graça de ganharmos os benefícios pedidos nesta santa devoção.

Oferecemos, particularmente, por esta devoção, pela paz do mundo, pela conversão dos pecadores, pelas almas do purgatório, pelas intenções do Santo Padre, pelas vocações sacerdotais e religiosas, por nosso vigário, pelas famílias, pelas missões, pelos doentes, pelos agonizantes, por aqueles que pediram nossas orações, por todas as nossas intenções particulares e pelo Brasil.

(Se o grupo desejar, poderá aproveitar este momento para os pedidos particulares em voz alta.)

Credo:
Creio em Deus Pai, todo-poderoso, criador do céu e da terra. Creio em Jesus Cristo, seu único Filho, nosso Senhor, o qual foi concebido por obra do Espírito Santo; nasceu da Virgem Maria; padeceu sob o poder de Pôncio Pilatos, foi crucificado, morto e sepultado; ressurgiu dos mortos ao terceiro dia; subiu ao céu; está sentado à direita de Deus Pai todo-poderoso, donde há de vir para julgar os vivos e os mortos. Creio no Espírito Santo; na Santa Igreja Católi-

ca; na comunhão dos santos; na remissão dos pecados; na ressurreição da carne; na vida eterna. Amém.

(Termina-se com: Pai-Nosso, Ave-Maria e três Glórias.)

Pai nosso, que estais no céu, santificado seja o vosso nome, venha a nós o vosso Reino, seja feita a vossa vontade, assim na terra como no céu. O pão nosso de cada dia nos dai hoje. Perdoai-nos as nossas ofensas, assim como nós perdoamos a quem nos tem ofendido. E não nos deixeis cair em tentação, mas livrai-nos do mal. Amém.

Ave, Maria, cheia de graça, o Senhor é convosco, bendita sois vós entre as mulheres e bendito é o fruto do vosso ventre, Jesus. Santa Maria, Mãe de Deus, rogai por nós, pecadores, agora e na hora de nossa morte. Amém.

Glória ao Pai, ao Filho e ao Espírito Santo, como era no princípio, agora e sempre. Amém.
Na duração das sete contas:
Disse o amado Senhor: "Peçam e vocês receberão; procurem e vocês acharão; batam, e a porta será aberta para vocês" (cf. Lc 11,9). Confiante na Palavra de Jesus, eu bato à porta, procuro e peço esta graça que me é tão necessária (pedir a graça).
Rezam-se as sete Ave-Marias.

No final reza-se a invocação:
Tudo para maior glória de Deus e bem de seus filhos. Amém.

Por quatro vezes façam do mesmo modo.

Nas jaculatórias, depois das sete Ave-Marias:
– Glória ao Pai, ao Filho e ao Espírito Santo.
– São Longuinho, eu confio em vós.

Depois das quatro divisões do terço, que seriam os mistérios, termina-se o terço com o momento da Salve-Rainha, assim:

Infinitas graças vos damos, soberana Rainha, pelos benefícios que todos os dias recebemos de vossas mãos liberais. Dignai-vos, agora e para sempre, tomar-nos debaixo do vosso poderoso amparo, e para mais vos agradecer vos saudamos com uma Salve-Rainha:
Salve, Rainha, Mãe de misericórdia, vida, doçura e esperança nossa, salve! A vós bradamos, os degradados filhos de Eva. A vós suspiramos, gemendo e chorando neste vale de lágrimas. Eia, pois, advogada nossa, esses vossos olhos misericordiosos a nós volvei. E, depois deste desterro, mostrai-nos Jesus, bendito fruto de vosso ventre. Ó clemente! Ó piedosa! Ó doce sempre Virgem Maria!
V. Rogai por nós, Santa Mãe de Deus.
R. Para que sejamos dignos das promessas de Cristo. Amém.
Termine o terço, se desejar, com esta oração a São Longuinho:

Glorioso São Longuinho, a ti suplicamos, cheios de confiança em tua intercessão. Sentimo-nos atraídos a ti por uma especial devoção e sabemos que nossas súplicas serão ouvidas por Deus, nosso Senhor, se tu, tão amado por Ele, nos fizeres representar. Tua caridade, reflexo admirável, inclina-te a socorrer toda miséria, a consolar todo sofrimento, suprir toda necessidade em proveito de nossa alma, e assegurar cada vez mais nossa eterna salvação, com a prática de boas obras e imitação de tuas virtudes! Amém.

Em nome do Pai, do Filho e do Espírito Santo. Amém.

Se desejar, pode-se cantar algum canto devocional a Nossa Senhora (cf. algumas sugestões a partir da página 73 deste livro).

10. Orações atribuídas a São Longuinho

A oração, segundo o catecismo, é a "elevação do espírito e do coração para Deus". O que é o espírito? O que é o coração? O espírito pensa, questiona, planifica, inquieta-se, imagina. O coração conhece, ama. A inteligência é a faculdade do saber; o coração é a do amor.

Imaginemos a oração como uma grande roda. A roda gira toda a nossa vida em direção a Deus. A oração é essencial para uma vida humana em plenitude. Se não rezamos, vivemos pela metade e nossa fé desenvolve-se, tão somente, pela metade.

Cada um dos raios da roda representa uma forma de oração. Rezamos de diversas maneiras, em momentos diferentes, segundo aquilo que sentimos. Cada um reza à sua maneira. Os raios representam, por exemplo, a Eucaristia, os sacramentos, a Escritura, a oração de petição e de intercessão, o rosário, os salmos, as orações diversas...

Essas várias formas de oração são cristãs porque se centram em Cristo. Os raios são formas ou expressões de oração que se inserem no eixo da roda, que representa a própria oração de Jesus.

São Longuinho é uma inspiração para nosso modo de rezar a Deus por sua intercessão. Não é ao santo que se reza, mas a Deus, que junto a ele olha por nossas carências. O santo é o amigo de Deus que se fez pelo martírio e sofrimento de sua paixão. Comungou da dor de seu Filho, Jesus Cristo. Por isso, posso pedir o socorro a São Longuinho com a intenção e esperança de ser socorrido por ele.

Vamos fazer a leitura do Salmo 63 como inspiração, refletir sobre a diferença entre rezar e orar e, depois, conhecer as orações próprias atribuídas a São Longuinho.

Salmo 63: (Salmo de Davi) Sede espiritual. Escrito quando estava no deserto de Judá. O Salmo contém 11 versículos e é como segue:

Ó Deus, tu és o meu Deus; procuro estar na tua presença. / Todo o meu ser deseja estar contigo; / eu tenho sede de ti como uma terra cansada, seca e sem água. / Quero ver-te no Templo; / quero ver como és poderoso e glorioso. / O teu amor é melhor do que a própria vida, / e por isso eu te louvarei. / Enquanto viver, falarei da tua bondade / e levantarei as mãos a ti em oração. / As tuas bênçãos são como alimentos gostosos; / elas me satisfazem, e por isso canto alegremente / canções de louvor a ti. / Quando estou deitado, eu me lembro de ti. / Penso em ti a noite toda porque sempre me tens ajudado. / Na sombra das tuas asas eu canto de alegria. / A tua mão direita me segura bem firme, e eu me apego a ti. / Porém aqueles que me querem matar descerão para o mundo dos mortos. / Eles serão mortos na batalha, e os corpos deles serão comidos / pelos animais selvagens. Mas o rei se alegrará porque Deus lhe dá a vitória. / Os que fazem promessas em nome de Deus se alegrarão, / mas a boca dos mentirosos será fechada.

"Rezar" e "orar" são duas palavras (verbos) que se misturam e criam certa indiferença em alguns. Já ouvi comentários negativos afirmando que a expressão "rezar" é própria dos católicos, que orar é próprio dos protestantes pentecostais e que, de certa forma, os movimentos pentecostais católicos utilizam a palavra "orar" e não "rezar". Já ouvi absurdos, por exemplo: "Eu oro o Pai-Nosso"!

Os termos "orar" e "rezar" são sinônimos. Aliás, é importante notar que essa duplicidade de termos que expressam uma mesma realidade é característica de nossa língua pátria. Em inglês, por exemplo, o verbo *"to pray"* significa exatamente o mesmo: orar ou rezar, tanto faz. Em italiano, usa-se a palavra *"pregare"*, que poderia ser traduzida como "suplicar" e que tem o mesmo sentido de "orar" ou "rezar" em nosso idioma.

> [...] essa pessoa está cheia de orgulho e não sabe nada. Discutir e brigar a respeito de palavras é como uma doença nessas pessoas. E daí vêm invejas, brigas, insultos, desconfianças maldosas e discussões sem fim, como costumam fazer as pessoas que perderam o juízo e não têm mais a verdade [...] (1Tm 6,4-5).

Apesar disso, temos uma tendência a discutir tudo... Inclusive sobre a oração...

É uma discussão que não acaba mais, e não faz muito sentido perder tempo com isso. Em todo o caso, a Bíblia não escolhe nenhuma das expressões como válidas ou duvidosas. Apenas apresenta a necessidade de "rezar" sempre (cf. Lc 18,1-8) como nos indicou Jesus Cristo!

Seguem algumas orações que são atribuídas a São Longuinho. Façamos o melhor delas para o proveito espiritual da devoção. Escolhamos alguns instantes do dia para a oração e contemplação.

Oração a São Longuinho

Glorioso São Longuinho, a ti suplicamos cheios de confiança em tua intercessão. Sentimo-nos atraídos a ti por uma especial devoção e sabemos que nossas súplicas serão ouvidas por Deus, nosso Senhor, se tu, tão amado por Ele, nos fizeres representar. Tua caridade, reflexo admirável, inclina-te a socorrer toda miséria, a consolar todo sofrimento, suprir toda necessidade em proveito de nossa alma, e assegurar cada vez mais nossa eterna salvação, com a prática de boas obras e imitação de tuas virtudes! Amém.

Oração a São Longuinho, o santo dos achados

Lembrai-vos, ó São Longuinho, prodigiosamente tocado pela graça de Jesus agonizante em sua última hora, de que nunca se ouviu dizer que algum daqueles que recorrem a vossa proteção fosse por vós desamparado. Assim, dignai-vos interpor em meu favor vossa valiosa intercessão perante a Deus, para que conceda viver e morrer como verdadeiro cristão e ainda me auxilie a encontrar (dizer o nome da pessoa ou objeto desaparecido, rezar um Pai-Nosso, uma Ave-Maria e fazer o sinal da cruz). Amém.

Oração para o santo em pedido de perdão

Querido São Longuinho, suplicamos a ti na confiança de tua intercessão. Sinto-me atraído por tua história e queria que me ajudasses a conseguir o perdão de Deus da mesma forma que conseguiste. Precisei magoar o coração de Jesus profundamente para que pudesse cair em mim e foi então que percebi o quanto estava perdido nessa vida mundana. Tua caridade depois do reconhecimento do erro me inspira a querer fazer o mesmo, e te peço profundamente para que tua sabedoria me toque na alma e me guie pela jornada certa. Leva-me para o caminho de Deus, para que eu possa caminhar ao lado de Jesus e ao teu lado. Amém.

Oração de São Longuinho por um objeto perdido

Caro São Longuinho, patrono dos pobres e o ajudante daqueles que procuram artigos perdidos, ajude-me a encontrar o objeto que eu perdi (diz aqui o objeto perdido) e que eu encontre melhor uso para o meu tempo e para ganhar para Deus a maior honra e glória. Conceda-me esta graça e os seus preciosos auxílios para todos que procuram o que perderam, principalmente aqueles que procuram encontrar e ganhar novamente as graças de Deus e a vida eterna. Amém.

Oração de contemplação a São Longuinho

São Longuinho, que aos pés da cruz abristes, com a lança, o coração do crucificado, de onde jorrou sangue e água, pedi a Jesus por nós; que o sangue inunde, com o Espírito Santo, o mundo e nossa vida; que cada um tenha a alegria de penetrar no coração do Filho de Deus e receber amor e graça. São Longuinho, ajudai-nos a agradecer. Amém.

Oração hínica a São Longuinho
– Ó santo caçador de tesouros,/ Que garimpa os nossos sonhos/ Pulando eu vou ao seu encontro/ Por longos e longos anos/ Sem mais desencontros/ Digo para cada anjinho/ Viva São Longuinho!

– Ó santo conquistador de amores,/ Que os pares nossos nos faz encontrar/ Pulando eu vou para o altar/ Sem tais desencantos/ Digo para o meu amorzinho/ Viva São Longuinho!

– Ó santo sábio das teses perdidas,/ Que nos enche de sabedoria/ Pulando eu vou pensando/ Entre longas laudas de monografias/ Digo àquele que busca um errinho/ Viva São Longuinho!

– Ó santo que tudo encontra,/ Que monitora dos céus coisas perdidas/ Pulando eu vou achando/ Sem tamanhas demasias/ Digo ao esquecidinho/ Viva São Longuinho!

– Ó santo lógico de todas as causas,/ Que investiga no mundo tanta explicação/ Pulando eu vou ao encontro da verdade/ Sem nenhum sofisma ou maldade/ Digo ao burrinho/ Viva São Longuinho!

– Ó santo iluminado por cada estrela,/ Que encontra o desconhecido nos céus/ Pulando eu piso em novos mundos/ Sem recorrer à fantasia/ Digo ao infinito este versinho/ Viva São Longuinho!

– Ó santo da juventude eterna,/ Que encontra a jovialidade cá na Terra/ Pulando eu estarei de alegria/ Sem recorrer à capsulazinha/ Digo ao músculo pequenino/ Viva São Longuinho! (Paulo Roberto e André Lima)

Hino "A nós descei, divina luz"

A nós descei, divina luz/ A nós descei, divina luz/ Em nossas almas acendei/ O amor, o amor de Jesus/ Em nossas almas acendei/ O amor, o amor de Jesus/ Vós sois a alma da Igreja/ Vós sois a vida, sois o amor/ Vós sois a graça benfazeja/ Que nos irmana no Senhor/ Vós sois a graça benfazeja/ Que nos irmana no Senhor/ A nós descei, divina luz/ A nós descei, divina luz/ Em nossas almas acendei/ O amor, o amor de Jesus/ Em nossas almas acendei/ O amor, o amor de Jesus/ Divino Espírito, descei/ Os corações vinde inflamar/ E as nossas almas preparar/ Para o que Deus nos quer falar/ E as nossas almas preparai/ Para o que Deus nos quer falar/ A nós descei, divina luz/ A nós descei, divina luz/ Em nossas almas acendei/ O amor, o amor de Jesus/ Em nossas almas acendei/ O amor, o amor de Jesus.

Toda devoção, todo canto e toda oração só terão sentido se forem para descobrir e buscar a santidade de Deus, como nos lembra Isaías:

> A seu redor havia serafins; cada um tinha seis asas; com duas cobria o rosto, e com duas cobria os pés e com duas voava. E clamavam uns para os outros, dizendo: "Santo, santo, santo é o Senhor dos exércitos; a terra toda está cheia de sua glória" (Is 6,2-3).

Uma observação: às vezes, desejamos fazer uma promessa na intenção de São Longuinho. Aqui vai uma orientação. Conta-se que, depois de sua conversão, São Longuinho se tornou um monge e viveu o resto de sua vida em oração e na prática da caridade para com o próximo. Seria interessante que nossa promessa fosse coberta com uma dessas duas práticas. Assim nos aproximamos de sua pessoa com mais admiração e imitação. Pense nisso antes de se propor uma promessa.

11. Alguns cantos para motivação

Vamos apresentar uns cantos como sugestão para o devocional de São Longuinho. Os cantos poderão ser usados na novena ou no terço de São Longuinho. Poderão servir como motivação para se cantar independentemente se está fazendo ou não a novena de São Longuinho.

Mahatma Gandhi um dia disse:

> No mar vivem os peixes – e são mudos; os animais, na terra, gritam; mas os pássaros, cujo espaço vital é o céu, cantam. O homem, porém, participa de todos os três: tem em si a profundidade do mar, o peso da terra e a altitude do céu, e lhe pertencem, por isso, também, todas as três qualidades: o silêncio, o grito e o canto.

1. A escolhida

1. Uma entre todas foi a escolhida: foste tu, Maria, serva preferida. Mãe do meu Senhor, Mãe do meu Salvador.

Maria, cheia de graça e consolo, vem caminhar com teu povo. Nossa Mãe sempre serás. (bis)

2. Roga pelos pecadores desta terra, roga pelo povo que em seu Deus espera. Mãe do meu Senhor, Mãe do meu Salvador.

2. Caminhando com Maria

1. Santa Mãe Maria, nesta travessia, cubra-nos teu manto cor de anil. Guarda nossa vida, Mãe Aparecida, Santa padroeira do Brasil.

Ave, Maria. Ave, Maria. (2x)
2. Mulher peregrina, força feminina, a mais importante que existiu. Com justiça queres que nossas mulheres sejam construtoras do Brasil.
3. Com amor divino, guarda os peregrinos nesta caminhada para o além! Dá-lhes companhia, pois também um dia foste peregrina de Belém.

3. Consagração a Nossa Senhora
Ó minha Senhora e também minha Mãe, eu me ofereço inteiramente todo a vós, e em prova da minha devoção eu hoje vos dou meu coração. Consagro a vós meus olhos, meus ouvidos, minha boca. Tudo o que sou desejo que a vós pertença. Incomparável Mãe, guardai-me, defendei-me, como filho e propriedade vossa. Amém. Como filho e propriedade vossa. Amém.

4. Dai-nos a bênção
Dai-nos a bênção, ó Mãe querida! Nossa Senhora Aparecida. (bis)
1. Sob esse manto do azul do céu. Guardai-nos sempre no amor de Deus (2x).
2. Eu me consagro ao vosso amor, ó Mãe querida do Salvador (2x).

5. Pelas estradas da vida
1. Pelas estradas da vida nunca sozinha está. Contigo pelo caminho Santa Maria vai.
Ó, vem conosco, vem caminhar, Santa Maria, vem. Ó, vem conosco, vem caminhar, Santa Maria, vem. (refrão)

2. Se pelo mundo os homens sem conhecer se vão, não negues nunca a tua mão a quem te encontrar.

3. Mesmo que digam os homens: tu nada podes mudar. Luta por um mundo novo de unidade e paz.

4. Se parecer tua vida inútil caminhar, lembra que abres caminho, outros te seguirão.

6. Viva a Mãe de Deus e nossa

Viva a Mãe de Deus e nossa, sem pecado concebida! Viva a Virgem Imaculada, ó Senhora Aparecida!

1. Aqui estão vossos devotos, cheios de fé incendida, de conforto e de esperança, ó Senhora Aparecida!

2. Virgem Santa, Virgem bela, Mãe amável, Mãe querida, amparai-nos, socorrei-nos, ó Senhora Aparecida.

3. Protegei a Santa Igreja, Mãe terna e compadecida! Protegei a nossa Pátria, ó Senhora Aparecida.

4. Ó, velai por nossos lares, pela infância desvalida, pelo povo brasileiro, ó Senhora Aparecida.

Conclusão

Escrever sobre São Longuinho foi uma espécie de aventura espiritual! Pensava que seria mais difícil e demorado. Inclusive, pedi-lhe ajuda para compor (encontrar) os temas de forma a dar um corpo catequético a nosso livro.

Acredito que fui atendido e já dei os três populares pulinhos!

Nossos escritos giram em torno da enigmática figura de São Longuinho. Não encontramos muita literatura a seu respeito. Também não fora esse o objetivo do autor ao compor a obra. Não havia o interesse de descrever ou arrumar sua biografia. As finalidades eram, explicitamente, duas: dar sentido à sua devoção divulgando sua espiritualidade e descobrir alguns elementos centrais dessa devoção.

A centralidade de nosso livro tinha alguns pontos a serem destacados: sua origem, seu nascimento, o que se escreveu e disse sobre ele no decorrer dos séculos. Sua origem, por ser um personagem do primeiro século, está repleta de sombras e de desconhecimentos. Alguns se aventuraram em dizer algo sobre ele. Ficamos, ao mesmo tempo, com aquilo que a tradição tem referendado sobre sua vida e história.

Nosso livro teve a finalidade de arranjar sua figura àquilo que se costumou, pela tradição, dizer sobre ele: o santo das coisas perdidas. Não vivera na época do Google, do mapa geográfico, dos radares, do telescópio, dos potentes binóculos, dos GPSs, dos satélites espaciais que encontram tantos "objetos" perdidos em florestas, oceanos, no espaço sideral, em desertos etc.

Assim, podemos imaginar a singularidade das descobertas científicas e outras modalidades de ciências que dão uma resposta às necessidades humanas de forma a prover suas carências.

Hoje, quando se fala ou se pensa em procurar algo que se perdera, logo vem à mente uma infinidade de instrumentos acessíveis às pessoas. Na questão jurídica recorremos ao advogado; na construção da casa, ao arquiteto ou engenheiro, na doença aparece a figura do médico ou do padre, da cartomante ou do pai de santo e assim por diante. Alguns, inclusive, apelam à cartomante para verificar por onde anda seu destino. Todos estão à procura da "sorte grande" e, nessa aventura, não seria totalmente descartado dar asas à imaginação fazendo uma aposta nos jogos de azar.

Desta feita, observamos a enxurrada de pessoas que procuram as lotéricas para encontrar uma possibilidade de ficar ricas de forma mágica e rápida com todas as facilidades do mundo! Mesmo algumas igrejas descobriram essa mina de sortilégio, oferecendo curas imediatas e estapafúrdias aos seus "clientes". É o mundo do instantâneo; todos estão com pressa!

Enfim, estamos buscando, com isso, segurança. Desejamos estar seguros em nossos desejos pessoais, algo primordial para nosso equilíbrio. A maioria não se dá conta de que, para haver segurança, deve haver "cuidado de si".

No tempo de Longuinho não era assim e, menos ainda, na Idade Média, em que sua devoção ficou mais divulgada. As pessoas recorriam a ele como uma resposta rápida e positiva diante de suas dúvidas. Não havia opções e oportunidades de outros recursos. A fé (a religiosidade) era praticamente o único caminho viável aos menos favorecidos. Recorrer a Deus e se recomendar a um santo de sua devoção era uma acertada proposta.

Quer coisa mais incômoda que perder algo e procurar e procurar e não conseguir achar? Pois é! Levante a mão quem nunca perdeu um papel importante, chaves ou um anel? Procura de um lado, revira do outro e nada de achar o objeto. Aí só resta uma saída: apelar para São Longuinho ou a Santo Antônio.

Como afirma a pesquisadora a respeito de São Longuinho:

> Dentro desse catolicismo de devoção há cultos curiosos como o de São Longuinho. Em torno dele, existe muita devoção criada através do imaginário popular. Muitas pessoas recorrem a São Longuinho quando perdem algo, quando necessitam de alguma coisa e, geralmente, a promessa é paga com três pulinhos e/ou três gritinhos (Elam de Almeida Pimentel).

O autor espera que o leitor seja um divulgador dessa devoção e o faça com justiça, não descaracterizando a figura de São Longuinho. Sua devoção sempre encontrou, entre os mais pobres, um espaço de fundamental importância.

O devoto vai a São Longuinho com esta oração: "Caro São Longuinho, patrono dos pobres e o ajudante daqueles que procuram artigos perdidos, me ajude a encontrar o objeto que eu perdi – diz aqui o objeto perdido – e que eu encontre melhor uso para o meu tempo e o use para ganhar para Deus a maior honra e glória".

A oração é simplesmente modesta valendo-se da profundidade da intenção daquele que, humildemente, a ele recorre.

A devoção a São Longuinho – e a outros também – se vale da simplicidade em contraste com a "devoção digital" como uma alternativa em tempos globalizados. Celulares ao som de orações e músicas religiosas, promessas e velas digitais entre outras *home pages* que retratam o ambiente religioso de forma encantadora. Em tempos de comunicação, a devoção não poderia deixar de exercer sua dinâmica de marketing.

É tão comum recebermos pelo e-mail, Facebook e outras mídias digitais as correntes de oração e outros artifícios religiosos de modos supersticiosos. O livro, no entanto, não sai de moda. Ele sempre está ali na estante, no carro, no escritório, na bolsa, na cabeceira da cama, na sala e em distintos outros lugares.

Recorrer a São Longuinho é uma forma sadia de se voltar à religiosidade interior e descobrir, ali, aquilo que está dormente e carece de despertar. Vamos a Longuinho com a alegria do encontro e a satisfação pelo achado, e, mais que tudo, São Longuinho nos faz encontrar o mesmo Cristo que, um dia, ele encontrou ao lado da cruz!

Enfim, medite sobre este testemunho:

> Eu também acredito em São Longuinho, e vou dizer por quê. Na minha casa havia um vazamento de água; a bomba ligava no automático várias vezes; ficamos preocupados e não conseguíamos saber onde era. Então pedi com muita fé, a São Longuinho, pois já havia esvaziado a cisterna toda procurando o vazamento, e foi quando eu olhei para o meu marido e disse: é aí,

nessa parede; ele bateu com o martelo e jorrou da parede água. Descobrimos que a água estava indo para o terreno baldio, jamais poderíamos encontrar esse vazamento. Tenho certeza de que foi São Longuinho. Valei-me, São Longuinho, e nunca mais me esqueci disso!

ÍNDICE

Uma palavra de Conselho do Papa Francisco 7

Introdução 9

1. A história de São Longuinho 15
1.1. Suas homenagens 22
2. Seu nascimento 27
3. O santo dos objetos perdidos 33
   3.1. Os três pulinhos e as três virtudes 36
4. Pode-se invocar São Longuinho? 43
   4.1. A devoção aos santos 46
   4.2. A descrição simbólica de sua imagem 49
5. O santo que ficou abaixo da cruz 55
6. A superstição do católico brasileiro 59
   6.1. O que é simpatia? 61
7. Uma reflexão sobre a religiosidade popular 65
   7.1. Os modelos de devocionais 66
   7.2. Os santos de plantão 68
   7.3. A religião em clima de grande festa 70
   7.4. A propagação da fé inconsequente 73
8. Novena a São Longuinho 79
9. Terço de São Longuinho 85
10. Orações atribuídas a São Longuinho 91
11. Alguns cantos para motivação 99

Conclusão 103

Este livro foi composto com as famílias tipográficas Calibri, Baskerville Old Face e
Century Gothic e impresso em papel Offset 75g/m² pela **Gráfica Santuário.**